Aromele Thailandei
O Călătorie Culinară Prin Bucătăria Thai

Sofia Tanase

Rezumat

Creveți cu sos de litchi *10*
Creveți mandarine prăjiți *11*
Creveți cu mazăre de zăpadă *12*
creveți cu ciuperci chinezești *13*
Creveți prăjiți și mazăre *14*
Creveți cu sos de mango *15*
Chirtărițe de creveți prăjiți cu sos de ceapă *16*
Creveți mandarine cu mazăre *17*
creveți de Peking *18*
creveți piperați *19*
Creveți prăjiți cu carne de porc *20*
Creveți prăjiți cu sos de sherry *21*
Creveți cu susan prăjiți *23*
Creveți prăjiți în coajă *24*
creveți moi prăjiți *25*
tempura de creveți *25*
sub cauciuc *26*
Creveți cu tofu *27*
creveți cu roșii *28*
Creveți cu sos de roșii *29*
Creveți cu sos de ardei de roșii *30*
Creveți prăjiți cu sos de roșii *31*
creveți cu legume *32*
Creveți cu castan de apă *33*
găluște de creveți *34*
Abalone cu pui *35*
Abalone cu sparanghel *36*
Abalone cu ciuperci *38*
Abalone cu sos de stridii *39*
midii aburite *39*
Scoici cu muguri de fasole *40*
Scoici de ghimbir și usturoi *41*

midii prajite 42
prăjituri de crab 43
crema de crab 44
carne de crab din frunze chinezești 45
Crab Foo Yung cu muguri de fasole 46
ghimbir de crab 47
Crab Lo Mein 48
Crab prajit cu carne de porc 49
Carne de crab prăjită 50
Chifteluțe de calmar prăjite 51
homar de canton 52
homar prajit 53
Homar la abur cu sunca 54
homar cu ciuperci 55
Cozi de homar cu carne de porc 56
homar prajit 57
cuiburi de homar 59
Midiile cu sos de fasole neagra 60
midii ghimbir 61
midii aburite 62
stridii prăjite 63
stridii cu bacon 64
Stridii prăjite cu ghimbir 65
Stridii cu sos de fasole neagră 66
Midii cu muguri de bambus 67
scoici cu ou 68
Scoici cu broccoli 69
Scoici cu ghimbir 71
scoici cu șuncă 72
Supă de midii din plante 73
Scoici și ceapă prăjite 74
Scoici cu legume 75
scoici cu piper 76
Calamar cu muguri de fasole 77
calamar prajit 78
pachete de calmar 79

Rulouri de calmar prajit 81
calamar prajit 82
Calamar cu ciuperci uscate 83
calamar cu legume 84
Carne de vită înăbușită cu anason 85
Carne de vită cu sparanghel 86
Carne de vită cu muguri de bambus 87
Carne de vită cu muguri de bambus și ciuperci 88
Carne de vită chinezească fiartă 89
Carne de vită cu muguri de fasole 90
Friptura cu broccoli 91
Carne de susan cu broccoli 92
carne la gratar 94
carne de vită cantoneză 95
Carne de vită cu morcovi 96
Carne de vită cu caju 97
Tocană lentă cu carne de vită 98
Carne de vită cu conopidă 99
Vițel cu țelină 100
Felii de vita la fiert cu telina 101
Carne de vită feliată cu pui și țelină 102
Carne de vită cu piper 103
Carne de vită cu bok choy 105
Cotlet de vită 106
Carne de vită cu castraveți 107
Chow Mein de vită 108
friptura de castravete 110
Curry de vită la cuptor 111
Abalone marinat 112
Lăstarii de bambus prăjiți 113
pui cu castraveți 114
Pui cu Susan 115
Lychee cu ghimbir 116
Aripioare de pui gătite roșii 117
Carne de crab cu castraveți 118
ciuperci marinate 119

Ciuperci cu usturoi marinate 120
Creveți și conopidă 121
Bețișoare de șuncă de susan 122
tofu rece 123
pui cu bacon 124
Cartofi prăjiți cu banane de pui 125
Pui cu ghimbir si ciuperci 126
pui și șuncă 128
Ficat de pui la gratar 129
Biluțe de crab cu castane de apă 130
Dim Sum 131
Rulouri cu șuncă și pui 132
Plăcintă cu șuncă la cuptor 134
Așa-zisul pește afumat 135
ciuperci prajite 137
Ciuperci cu sos de stridii 138
Rulada de porc și salată 139
Chirtărițe de porc și castane 141
Galuste de porc 142
Chiftele de porc și vită 143
fluture de creveți 144
creveți chinezești 145
nor zmeu 146
creveți crocanți 147
Creveți cu sos de ghimbir 148
Rulouri cu creveți și tăiței 149
Pâine prăjită cu creveți 151
Wonton de porc și creveți cu sos dulce-acru 152
supa de pui 154
Supă de porc și muguri de fasole 155
Supă de ciuperci de abalone 156
Supă de pui și sparanghel 158
supa de vită 159
Supă chinezească de vită și frunze 160
supă de varză 161
Supă de carne picant 162

supa raiului	164
Supă de pui și muguri de bambus	165
Supă de pui și porumb	166
supă de pui ghimbir	167
Supă chinezească de pui cu ciuperci	168
Supă de pui și orez	169
Supă de pui cu nucă de cocos	170
supa de scoici	171
supă de ouă	172
Supă de crabi și scoici	173
supa de crab	175
Ciorba de peste	176
Supa de peste si salata verde	177
Supă de chiftele cu ghimbir	179
supă fierbinte și acră	180
Supa de ciuperci	181
Supă de ciuperci și varză	182
Supă de ouă de ciuperci	183
Supă de ciuperci și castane pe bază de apă	184
Supă de porc și ciuperci	185
Supa de porc si nasturel	186
Supă de porc și castraveți	187
Chiftelute și supă cu tăiței	188
Supă de spanac și tofu	189
Supă de porumb și crab	190
Supa de Sichuan	191
supa de tofu	193
Supă de tofu și pește	194
supă de roșii	195
Supă de roșii și spanac	196
borș	197
Potaje	198
supă vegetariană	199
supa de nasturel	200
Pește prăjit cu legume	201
pește întreg gătit	203

peste de soia fiert *204*
Pește de soia cu sos de stridii *205*
Biban de mare la abur *207*
Pește prăjit cu ciuperci *208*
Pește dulce și acru *210*
Pește umplut cu carne de porc *212*
Crap prajit, picant *214*

Creveți cu sos de litchi

pentru 4 persoane

Recipient simplu de 50 g/2 oz/¬Ω (de uz general)

faimă

2,5 ml / ¬Ω linguriță sare

1 ou, batut usor

30 ml / 2 linguri apă

450 g creveți decojiți

ulei prajit

30 ml / 2 linguri ulei de arahide (arahide).

2 felii de rădăcină de ghimbir, tocate

30 ml / 2 linguri otet de vin

5 ml/1 lingurita zahar

2,5 ml / ¬Ω linguriță sare

15 ml/1 lingura sos de soia

200 g lychee conservat, scurs

Se amestecă făina, sarea, oul și apa într-un aluat, adăugând puțină apă dacă este necesar. Se amestecă creveții până când totul este bine acoperit. Se incinge uleiul si se prajesc crevetii cateva minute pana devin crocante si aurii. Scurgeți pe un prosop de hârtie și puneți pe o farfurie fierbinte de servire. Între timp, încălziți uleiul și prăjiți ghimbirul timp de 1 minut. Adăugați oțet de vin, zahăr, sare și sos de soia. Se adaugă litchiul și se amestecă până când este fierbinte și acoperit cu sos. Se toarnă peste creveți și se servește imediat.

Creveți mandarine prăjiți

pentru 4 persoane

60 ml / 4 linguri ulei de arahide (arahide).
1 cățel de usturoi, zdrobit
1 felie radacina de ghimbir, tocata
450 g creveți decojiți
30 ml / 2 linguri vin de orez sau sherry uscat 30 ml / 2 linguri sos de soia
15 ml / 1 lingură făină de porumb (amidon de porumb)
45 ml / 3 linguri apă

Încinge uleiul și prăjește usturoiul și ghimbirul până se rumenesc. Adăugați creveții și prăjiți timp de 1 minut. Adăugați vin sau sherry și amestecați bine. Adăugați sos de soia, amidon de porumb și apă și gătiți timp de 2 minute.

Creveți cu mazăre de zăpadă

pentru 4 persoane

5 ciuperci chinezești uscate
225 g muguri de fasole
60 ml / 4 linguri ulei de arahide (arahide).
5 ml/1 lingurita sare
2 tulpini de telina, tocate
4 cepe verde (ceapa), tocate
2 catei de usturoi, tocati
2 felii de rădăcină de ghimbir, tocate
60 ml / 4 linguri apă
15 ml/1 lingura sos de soia
15 ml / 1 lingura vin de orez sau sherry uscat
225 g / 8 oz Mangetout (mazăre cu zahăr)
225 g creveți decojiți
15 ml / 1 lingură făină de porumb (amidon de porumb)

Înmuiați ciupercile în apă caldă timp de 30 de minute, apoi scurgeți-le. Scoateți tulpinile și tăiați capacele. Fierbeți mugurii de fasole în apă clocotită timp de 5 minute și scurgeți bine. Se încălzește jumătate din ulei, se prăjește sarea, țelina, ceapa primăvară și mugurii de fasole timp de 1 minut și se scot din tigaie. Se încălzește uleiul rămas și se prăjește usturoiul și ghimbirul până se rumenesc. Adăugați jumătate din apă, sosul de soia, vinul sau sherry, mangeout și creveții, aduceți la fiert și gătiți timp de 3 minute. Se macină amidonul de porumb și apa rămasă până la o pastă, se adaugă în tigaie și se fierbe, amestecând, până se îngroașă sosul. Întoarceți legumele în tigaie și gătiți până se încălzesc. Serviți imediat.

creveți cu ciuperci chinezești

pentru 4 persoane

8 ciuperci chinezești uscate
45 ml / 3 linguri ulei de arahide (arahide).
3 felii de rădăcină de ghimbir, tocate
450 g creveți decojiți
15 ml/1 lingura sos de soia
5 ml/1 lingurita sare
60 ml / 4 linguri bulion de peste

Înmuiați ciupercile în apă caldă timp de 30 de minute, apoi scurgeți-le. Scoateți tulpinile și tăiați capacele. Se încălzește jumătate din ulei și se prăjește ghimbirul până se rumenește. Adăugați creveții, sosul de soia și sare și prăjiți până când sunt acoperiți cu ulei, apoi scoateți din tigaie. Se încălzește uleiul rămas și se prăjesc ciupercile până sunt acoperite cu ulei. Adăugați bulion, aduceți la fiert, acoperiți și gătiți timp de 3 minute. Întoarceți creveții în tigaie și amestecați până se încălzesc.

Creveți prăjiți și mazăre

pentru 4 persoane

450 g creveți decojiți

5 ml/1 lingurita ulei de susan

5 ml/1 lingurita sare

30 ml / 2 linguri ulei de arahide (arahide).

1 cățel de usturoi, zdrobit

1 felie radacina de ghimbir, tocata

225g mazăre albă sau congelată, decongelată

4 cepe verde (ceapa), tocate

30 ml / 2 linguri apă

sare si piper

Se amestecă creveții cu ulei de susan și sare. Încinge uleiul și prăjește usturoiul și ghimbirul timp de 1 minut. Adăugați creveții și prăjiți timp de 2 minute. Adăugați mazărea și prăjiți timp de 1 minut. Adaugati ceapa si apa si asezonati cu sare, piper si putin ulei de susan, daca doriti. Se încălzește amestecând cu grijă înainte de servire.

Creveți cu sos de mango

pentru 4 persoane

12 creveți

sare si piper

suc de 1 lămâie

30 ml / 2 linguri faina de porumb (amidon de porumb)

1 mango

5 ml/1 linguriță pudră de muștar

5 ml/1 lingurita miere

30 ml/2 linguri crema de cocos

30 ml / 2 linguri pudră de curry ușor

120 ml / 4 fl oz / ¬Ω cană bulion de pui
45 ml / 3 linguri ulei de arahide (arahide).
2 catei de usturoi, tocati
2 ceapa verde (ceapa), tocata
1 fenicul, tocat
100 g muraturi de mango

Curățați creveții, lăsându-le cozile intacte. Stropiți cu sare, piper și suc de lămâie și acoperiți jumătate cu amidon de porumb. Curățați mango, tăiați pulpa din piatră și apoi tăiați carnea în cuburi. Se amestecă muștar, miere, crema de cocos, praf de curry, amidon de porumb ramas și bulion. Se încălzește jumătate din ulei și se prăjește usturoiul, ceapa primăvară și feniculul timp de 2 minute. Adăugați bulion, aduceți la fiert și gătiți timp de 1 minut. Adăugați cuburile de mango și chutney, încălziți la foc mic, apoi transferați pe o farfurie de servire încălzită. Încinge uleiul rămas și prăjește creveții timp de 2 minute. Aranjați peste legume și serviți imediat.

Chirtărițe de creveți prăjiți cu sos de ceapă

pentru 4 persoane

3 oua, batute usor

45 ml / 3 linguri făină (făină universală).

Sare și piper negru proaspăt măcinat

450 g creveți decojiți

ulei prajit

15 ml/1 lingură ulei de arahide (arahide).

2 cepe, tocate

15 ml / 1 lingură făină de porumb (amidon de porumb)

30 ml/2 linguri sos de soia

175 ml / 6 fl oz / ¬œ apă de sticlă

Se amestecă oul, făina, sare și piper. Înmuiați creveții în aluat. Încinge uleiul și prăjește creveții până se rumenesc. Între timp, încălziți uleiul și prăjiți ceapa timp de 1 minut. Se macină celelalte ingrediente într-o pastă, se adaugă ceapa și se fierbe, amestecând, până se îngroașă sosul. Scurgeți creveții și puneți-i pe o farfurie fierbinte de servire. Turnați sosul peste și serviți imediat.

Creveți mandarine cu mazăre

pentru 4 persoane

60 ml / 4 linguri ulei de arahide (arahide).

1 catel de usturoi, tocat

1 felie radacina de ghimbir, tocata

450 g creveți decojiți

30 ml / 2 linguri vin de orez sau sherry uscat

225 g mazăre congelată, decongelată

30 ml/2 linguri sos de soia

15 ml / 1 lingură făină de porumb (amidon de porumb)

45 ml / 3 linguri apă

Încinge uleiul și prăjește usturoiul și ghimbirul până se rumenesc. Adăugați creveții și prăjiți timp de 1 minut. Adăugați vin sau sherry și amestecați bine. Adăugați mazărea și gătiți timp de 5 minute. Adăugați alte ingrediente și prăjiți timp de 2 minute.

creveți de Peking

pentru 4 persoane

30 ml / 2 linguri ulei de arahide (arahide).

2 catei de usturoi, tocati

1 felie radacina de ghimbir, tocata marunt

225 g creveți decojiți

4 ceai (cei), tăiați în felii groase
120 ml / 4 fl oz / ¬Ω cană bulion de pui
5 ml/1 lingurita zahar brun
5 ml/1 lingurita sos de soia
5 ml/1 lingurita sos hoisin
5 ml/1 lingurita sos Tabasco

Se încălzește uleiul cu usturoi și ghimbir și se prăjește până când usturoiul devine ușor auriu. Adăugați creveții și prăjiți timp de 1 minut. Adăugați ceapa verde și căleți timp de 1 minut. Adăugați ingredientele rămase, aduceți la fierbere, acoperiți și gătiți timp de 4 minute, amestecând din când în când. Verificați condimentele și adăugați mai mult Tabasco, dacă doriți.

creveți piperați

pentru 4 persoane

30 ml / 2 linguri ulei de arahide (arahide).
1 ardei verde, tăiat în bucăți
450 g creveți decojiți
10 ml / 2 lingurițe de făină de porumb (amidon de porumb)
60 ml / 4 linguri apă

5 ml/1 lingurita vin de orez sau sherry uscat

2,5 ml / ¬Ω linguriță sare

45 ml / 2 linguri pasta de tomate (paste)

Încinge uleiul și prăjește ardeii timp de 2 minute. Adaugati crevetii si pasta de rosii si amestecati bine. Amestecați făina de porumb, vinul sau sherry și sarea într-o pastă, amestecați în tigaie și gătiți, amestecând, până când sosul devine limpede și se îngroașă.

Creveți prăjiți cu carne de porc

pentru 4 persoane

225 g creveți decojiți

100 g carne de porc slaba, tocata

60 ml / 4 linguri vin de orez sau sherry uscat

1 albus de ou

45 ml / 3 linguri faina de porumb (amidon de porumb)

5 ml/1 lingurita sare

15 ml / 1 lingura apa (optional)

90 ml / 6 linguri ulei de arahide (arahide).

45 ml / 3 linguri bulion de peste

5 ml/1 lingurita ulei de susan

Puneți creveții și carnea de porc în boluri separate. Amestecați 45 ml / 3 linguri de vin sau sherry, albuș de ou, 30 ml / 2 linguri de amidon de porumb și sare până se formează un aluat moale, adăugând apă dacă este necesar. Împărțiți amestecul între carnea de porc și creveți și amestecați bine pentru a acoperi uniform. Se încălzește uleiul și se prăjește carnea de porc și creveții pentru câteva minute până se rumenesc. Scoateți din tigaie și turnați uleiul, cu excepția 15 ml/1 lingură. Adăugați bulionul în tigaie cu vinul rămas sau sherry și amidonul de porumb. Se aduce la fierbere și se fierbe, amestecând, până se îngroașă sosul. Turnați peste creveți și carne de porc și serviți cu ulei de susan deasupra.

Creveți prăjiți cu sos de sherry

pentru 4 persoane

50 g / 2 oz / ¬Ω cană făină simplă (universal).

2,5 ml / ¬Ω linguriță sare

1 ou, batut usor

30 ml / 2 linguri apă

450 g creveți decojiți

ulei prajit

15 ml/1 lingură ulei de arahide (arahide).

1 ceapa, tocata marunt

45 ml / 3 linguri vin de orez sau sherry uscat

15 ml/1 lingura sos de soia

120 ml / 4 fl oz / ¬Ω cană de stoc de pește

10 ml / 2 lingurițe de făină de porumb (amidon de porumb)

30 ml / 2 linguri apă

Se amestecă făina, sarea, oul și apa într-un aluat, adăugând puțină apă dacă este necesar. Se amestecă creveții până când totul este bine acoperit. Se incinge uleiul si se prajesc crevetii cateva minute pana devin crocante si aurii. Scurgeți pe un prosop de hârtie și puneți pe o farfurie fierbinte de servire. Intre timp se incinge uleiul si se caleste ceapa pana se inmoaie. Adăugați vin sau sherry, sos de soia și bulion, aduceți la fiert și gătiți timp de 4 minute. Se amestecă făina de porumb și apa până la o pastă, se adaugă în tigaie și se fierbe, amestecând, până când sosul devine limpede și se îngroașă. Se toarnă sosul peste creveți și se servește.

Creveți cu susan prăjiți

pentru 4 persoane

450 g creveți decojiți

¬Ω proteină

5 ml/1 lingurita sos de soia

5 ml/1 lingurita ulei de susan

50 g / 2 oz / ¬Ω cană făină de porumb (amidon de porumb)

Sare si piper alb proaspat macinat

ulei prajit

60 ml / 4 linguri seminte de susan

frunze de salata verde

Amestecați creveții cu albușuri, sos de soia, ulei de susan, amidon de porumb, sare și piper. Dacă amestecul este prea gros, adăugați puțină apă. Încinge uleiul și prăjește creveții câteva minute până se rumenesc ușor. Între timp, prăjiți scurt semințele de susan într-o tigaie uscată până se rumenesc. Scurgeți creveții și amestecați cu semințele de susan. Servit pe un pat de salată verde.

Creveți prăjiți în coajă

pentru 4 persoane

60 ml / 4 linguri ulei de arahide (arahide).
750 g / 1¬Ω lb creveți decojiți
3 cepe verde (ceapa), tocate
3 felii de rădăcină de ghimbir, tocate
2,5 ml / ¬Ω linguriță sare
15 ml / 1 lingura vin de orez sau sherry uscat
120 ml / 4 fl oz / ¬Ω cană de ketchup (ketchup)
15 ml/1 lingura sos de soia
15 ml/1 lingură zahăr
15 ml / 1 lingură făină de porumb (amidon de porumb)
60 ml / 4 linguri apă

Încinge uleiul și prăjește creveții timp de 1 minut dacă sunt gătiți, sau până când sunt roz dacă sunt cruzi. Adăugați ceapa primăvară, ghimbirul, sare și vin sau sherry și căleți timp de 1 minut. Adăugați ketchup, sosul de soia și zahărul și prăjiți timp de 1 minut. Se amestecă amidonul de porumb și apa, se toarnă în tigaie și se fierbe, amestecând, până când sosul devine limpede și se îngroașă.

creveți moi prăjiți

pentru 4 persoane

75 g / 3 oz / ceașcă grămadă făină de porumb (amidon de porumb)

1 albus de ou

5 ml/1 lingurita vin de orez sau sherry uscat

Sare

350 g creveți decojiți

ulei prajit

Amesteca amidonul de porumb, albusurile de ou, vinul sau sherry si un praf de sare intr-o pasta groasa. Înmuiați creveții în aluat până când sunt bine acoperiți. Se incinge uleiul pana se incinge si se prajesc crevetii cateva minute pana se rumenesc. Scoateți din ulei, reîncălziți până se încinge, apoi prăjiți din nou creveții până devin crocanți și aurii.

tempura de creveți

pentru 4 persoane

450 g creveți decojiți

30 ml / 2 linguri făină (făină universală).

30 ml / 2 linguri faina de porumb (amidon de porumb)

30 ml / 2 linguri apă

2 ouă, bătute

ulei prajit

Tăiați creveții în jumătate de-a lungul cutei interioare și întindeți-i pentru a forma o formă de fluture. Se amestecă făina, amidonul de porumb și apa până se formează un aluat, apoi se adaugă ouăle. Încinge uleiul și prăjește creveții până se rumenesc.

sub cauciuc

pentru 4 persoane

30 ml / 2 linguri ulei de arahide (arahide).

2 ceapa verde (ceapa), tocata

1 cățel de usturoi, zdrobit

1 felie radacina de ghimbir, tocata

100 g piept de pui, taiat fasii

Tăiați 100 g șuncă fâșii

100 de grame de muguri de bambus, tăiați în fâșii

100 g castane de apă, tăiate fâșii

225 g creveți decojiți

30 ml/2 linguri sos de soia

30 ml / 2 linguri vin de orez sau sherry uscat

5 ml/1 lingurita sare

5 ml/1 lingurita zahar

5 ml / 1 lingurita faina de porumb (amidon de porumb)

Se incinge uleiul si se caleste ceapa primavara, usturoiul si ghimbirul pana se rumenesc. Adăugați puiul și prăjiți timp de 1 minut. Adăugați șunca, lăstarii de bambus și castanele de apă și prăjiți timp de 3 minute. Adăugați creveții și prăjiți timp de 1 minut. Adăugați sos de soia, vin sau sherry, sare și zahăr și gătiți timp de 2 minute. Amestecați amidonul de porumb cu puțină apă, adăugați-l în tigaie și gătiți, amestecând, timp de 2 minute.

Creveți cu tofu

pentru 4 persoane

45 ml / 3 linguri ulei de arahide (arahide).

225 g tofu, tocat

1 ceapă (ceapă), tocată

1 cățel de usturoi, zdrobit

15 ml/1 lingura sos de soia

5 ml/1 lingurita zahar

90 ml / 6 linguri supa de peste
225 g creveți decojiți
15 ml / 1 lingură făină de porumb (amidon de porumb)
45 ml / 3 linguri apă

Se încălzește jumătate din ulei și se prăjește tofu până devine ușor auriu, apoi se scoate din tigaie. Se încălzește uleiul rămas și se prăjește ceapa primăvară și usturoiul până se rumenesc. Se adauga sosul de soia, zaharul si bulionul si se fierbe. Adaugati crevetii si caliti 3 minute la foc mic. Măcinați făina de porumb și apa într-o pastă, amestecați în tigaie și gătiți, amestecând, până când sosul se îngroașă. Adăugați tofu înapoi în tigaie și gătiți ușor până se încălzește.

creveți cu roșii

pentru 4 persoane

2 albusuri
30 ml / 2 linguri faina de porumb (amidon de porumb)
5 ml/1 lingurita sare
450 g creveți decojiți
ulei prajit

30 ml / 2 linguri vin de orez sau sherry uscat
225g rosii, curatate, fara samburi si tocate

Se amestecă albușurile, amidonul de porumb și sarea. Adăugați creveții până când sunt bine acoperiți. Se incinge uleiul si se prajesc crevetii pana sunt fierti. Se toarnă toate, cu excepția 15 ml/1 lingură de ulei și se încălzește. Adăugați vin sau sherry și roșii și aduceți la fierbere. Adăugați creveții și încălziți chiar înainte de servire.

Creveți cu sos de roșii

pentru 4 persoane

30 ml / 2 linguri ulei de arahide (arahide).
1 cățel de usturoi, zdrobit
2 felii de rădăcină de ghimbir, tocate
2,5 ml / ¬Ω linguriță sare
15 ml / 1 lingura vin de orez sau sherry uscat
15 ml/1 lingura sos de soia
6 ml / 4 linguri de ketchup (ketchup)
120 ml / 4 fl oz / ¬Ω cană de stoc de pește
350 g creveți decojiți
10 ml / 2 lingurițe de făină de porumb (amidon de porumb)
30 ml / 2 linguri apă

Încinge uleiul și prăjește usturoiul, ghimbirul și sarea timp de 2 minute. Adăugați vin sau sherry, sos de soia, ketchup și bulion și aduceți la fiert. Adăugați creveții, acoperiți și gătiți timp de 2 minute. Se amestecă făina de porumb și apa într-o pastă, se adaugă în tigaie și se fierbe, amestecând, până când sosul devine limpede și se îngroașă.

Creveți cu sos de ardei de roșii

pentru 4 persoane

60 ml / 4 linguri ulei de arahide (arahide).
15 ml/1 lingura ghimbir tocat
15 ml/1 lingură usturoi tocat
15 ml/1 lingura ceapa verde tocata
60 ml / 4 linguri pasta de tomate (paste)
15 ml/1 lingură sos chili
450 g creveți decojiți
15 ml / 1 lingură făină de porumb (amidon de porumb)
15 ml/1 lingură apă

Încinge uleiul și prăjește ghimbirul, usturoiul și ceapa primăvară timp de 1 minut. Adaugam pasta de rosii si sosul de ardei si amestecam bine. Adăugați creveții și prăjiți timp de 2 minute. Se amestecă făina de porumb și apa până se omogenizează, se adaugă în tigaie și se fierbe până se îngroașă sosul. Serviți imediat.

Creveți prăjiți cu sos de roșii

pentru 4 persoane

50 g / 2 oz / ¬Ω cană făină simplă (universal).

2,5 ml / ¬Ω linguriță sare

1 ou, batut usor

30 ml / 2 linguri apă

450 g creveți decojiți

ulei prajit

30 ml / 2 linguri ulei de arahide (arahide).

1 ceapa, tocata marunt

2 felii de rădăcină de ghimbir, tocate

75 ml / 5 linguri de ketchup (ketchup)

10 ml / 2 lingurițe de făină de porumb (amidon de porumb)

30 ml / 2 linguri apă

Se amestecă făina, sarea, oul și apa într-un aluat, adăugând puțină apă dacă este necesar. Se amestecă creveții până când totul este bine acoperit. Se incinge uleiul si se prajesc crevetii cateva minute pana devin crocante si aurii. Scurgeți pe hârtie de bucătărie.

Între timp, încălziți uleiul și prăjiți ceapa și ghimbirul până se înmoaie. Adăugați ketchup și gătiți timp de 3 minute. Măcinați făina de porumb și apa într-o pastă, amestecați în tigaie și gătiți, amestecând, până când sosul se îngroașă. Adăugați creveții în tigaie și gătiți până se încălzesc. Serviți imediat.

creveți cu legume

pentru 4 persoane
15 ml/1 lingură ulei de arahide (arahide).
225 g flori de broccoli
225 g ciuperci
225 g muguri de bambus, feliați
450 g creveți decojiți

120 ml / 4 fl oz / ½ cană bulion de pui

5 ml / 1 lingurita faina de porumb (amidon de porumb)

5 ml/1 lingurita sos de stridii

2,5 ml / ½ lingurita zahar

2,5 ml/½ linguriță rădăcină de ghimbir rasă

un praf de piper proaspat macinat

Încinge uleiul și prăjește broccoli timp de 1 minut. Adăugați ciupercile și lăstarii de bambus și prăjiți timp de 2 minute. Adăugați creveții și prăjiți timp de 2 minute. Se amestecă alte ingrediente și se adaugă la amestecul de creveți. Se aduce la fierbere, se amestecă, apoi se fierbe timp de 1 minut, amestecând continuu.

Creveți cu castan de apă

pentru 4 persoane

60 ml / 4 linguri ulei de arahide (arahide).

1 catel de usturoi, tocat

1 felie radacina de ghimbir, tocata

450 g creveți decojiți

30 ml / 2 linguri vin de orez sau sherry uscat 225 g / 8 oz castane de apă, feliate

30 ml/2 linguri sos de soia

15 ml / 1 lingură făină de porumb (amidon de porumb)

45 ml / 3 linguri apă

Încinge uleiul și prăjește usturoiul și ghimbirul până se rumenesc. Adăugați creveții și prăjiți timp de 1 minut. Adăugați vin sau sherry și amestecați bine. Se adauga castane si se prajesc 5 minute. Adăugați alte ingrediente și prăjiți timp de 2 minute.

găluște de creveți

pentru 4 persoane

450 g creveți decojiți, tăiați
225 g legume amestecate, tocate
15 ml/1 lingura sos de soia
2,5 ml / ¬Ω linguriță sare
câteva picături de ulei de susan

40 de piei wonton

ulei prajit

Amestecați creveții, legumele, sosul de soia, sarea și uleiul de susan.

Pentru a împături wonton-urile, țineți pielea în palma mâinii stângi și turnați o parte din umplutură în centru. Ungeți marginile cu ou și pliați aluatul într-o formă de triunghi și sigilați marginile. Umeziți colțurile cu ou și răsuciți împreună.

Încinge uleiul și prăjește încet wonton-urile până se rumenesc. Scurgeți bine înainte de servire.

Abalone cu pui

pentru 4 persoane

400 g abalone conservat

30 ml / 2 linguri ulei de arahide (arahide).

100 g piept de pui, tocat cubulete

100 g muguri de bambus, feliați

250 ml / 8 fl oz / 1 cană bulion de pește

15 ml / 1 lingura vin de orez sau sherry uscat

5 ml/1 lingurita zahar

2,5 ml / ¬Ω linguriță sare

15 ml / 1 lingură făină de porumb (amidon de porumb)

45 ml / 3 linguri apă

Scurgeți abalonul, tăiați felii și colectați sucul. Încinge uleiul și prăjește puiul până se rumenește ușor. Adăugați abalone și lăstarii de bambus și prăjiți timp de 1 minut. Adăugați bulion de abalone, bulion, vin sau sherry, zahăr și sare, aduceți la fiert și gătiți timp de 2 minute. Se amestecă făina de porumb și apa într-o pastă și se fierbe, amestecând, până când sosul devine limpede și se îngroașă. Serviți imediat.

Abalone cu sparanghel

pentru 4 persoane

10 ciuperci chinezești uscate

30 ml / 2 linguri ulei de arahide (arahide).

15 ml/1 lingură apă

225 g sparanghel

2,5 ml/½ lingurita sos de peste

15 ml / 1 lingură făină de porumb (amidon de porumb)

225 g abalone la conserva, feliate

60 ml / 4 linguri bulion

½ morcovi mici, feliați

5 ml/1 lingurita sos de soia

5 ml/1 lingurita sos de stridii

5 ml/1 lingurita vin de orez sau sherry uscat

Înmuiați ciupercile în apă caldă timp de 30 de minute, apoi scurgeți-le. Aruncați tulpinile. Încinge 15 ml/1 lingură ulei cu apă și prăjește capacele de ciuperci timp de 10 minute. Intre timp, gatiti sparanghelul in apa clocotita cu sos de peste si 5 ml/1 lingurita amidon de porumb pana se inmoaie. Se scurge bine si se aseaza pe un platou cald de servire impreuna cu ciupercile. Păstrați-le calde. Se încălzește uleiul rămas și se prăjește abalonul pentru câteva secunde. Apoi adăugați bulionul, morcovii, sosul de soia, sosul de stridii, vinul sau sherry și amidonul de porumb rămas. Gatiti pana la fiert, aproximativ 5 minute, apoi turnati peste sparanghel si serviti.

Abalone cu ciuperci

pentru 4 persoane

6 ciuperci chinezești uscate
400 g abalone conservat
45 ml / 3 linguri ulei de arahide (arahide).
2,5 ml / ¬Ω linguriță sare
15 ml / 1 lingura vin de orez sau sherry uscat
3 ceai (cei), tăiați în felii groase

Înmuiați ciupercile în apă caldă timp de 30 de minute, apoi scurgeți-le. Scoateți tulpinile și tăiați capacele. Scurgeți abalonul, tăiați felii și colectați sucul. Se încălzește uleiul și sarea și se prăjesc ciupercile timp de 2 minute. Adăugați sucul de abalone și sherry, aduceți la fierbere, acoperiți și gătiți timp de 3 minute. Adăugați abalone și ceapa verde și gătiți până se încălzesc. Serviți imediat.

Abalone cu sos de stridii

pentru 4 persoane

400 g abalone conservat

15 ml / 1 lingură făină de porumb (amidon de porumb)

15 ml/1 lingura sos de soia

45 ml / 3 linguri sos de stridii

30 ml / 2 linguri ulei de arahide (arahide).

50 g sunca afumata, tocata

Goliți cutia de abalone și rezervați 90 ml sau 6 linguri de lichid. Se amestecă amidonul de porumb, sosul de soia și sosul de stridii. Se încălzește uleiul și se prăjește abalonul scurs timp de 1 minut. Adăugați amestecul de sos și gătiți, amestecând, până se încălzește, aproximativ 1 minut. Se toarnă într-un bol de servire fierbinte și se ornează cu șuncă și se servește.

midii aburite

pentru 4 persoane

24 de grenade

Curățați bine scoicile și puneți-le la înmuiat în apă cu sare timp de câteva ore. Clătiți sub jet de apă și puneți într-o tavă adâncă de copt. Puneți pe un grătar în cuptorul cu aburi, acoperiți și gătiți în apă clocotită la foc mic până când toate midiile s-au deschis, aproximativ 10 minute. Aruncați tot ce rămâne închis. Serviți cu sosuri.

Scoici cu muguri de fasole

pentru 4 persoane

24 de grenade

15 ml/1 lingură ulei de arahide (arahide).

150 g muguri de fasole

1 ardei verde, tăiat fâșii

2 ceapa verde (ceapa), tocata

15 ml / 1 lingura vin de orez sau sherry uscat

Sare și piper negru proaspăt măcinat

2,5 ml / ¬Ω linguriță ulei de susan

50 g sunca afumata, tocata

Curățați bine scoicile și puneți-le la înmuiat în apă cu sare timp de câteva ore. Clătiți sub jet de apă. Fierbe apă într-o oală, adaugă scoicile și fierbe câteva minute până se deschid capacele. Goliți și aruncați tot ce rămâne acoperit. Scoateți midiile din coajă.

Încinge uleiul și prăjește mugurii de fasole timp de 1 minut. Adăugați ardeiul și ceapa primăvară și căliți timp de 2 minute. Adăugați vin sau sherry și asezonați cu sare și piper. Se încălzește, apoi se adaugă scoicile și se amestecă până se combină bine și se încălzește. Puneți-l într-un castron de servire fierbinte și stropiți deasupra ulei de susan și bacon și serviți.

Scoici de ghimbir și usturoi

pentru 4 persoane

24 de grenade
15 ml/1 lingură ulei de arahide (arahide).
2 felii de rădăcină de ghimbir, tocate
2 catei de usturoi, tocati
15 ml/1 lingură apă
5 ml/1 lingurita ulei de susan
Sare și piper negru proaspăt măcinat

Curățați bine scoicile și puneți-le la înmuiat în apă cu sare timp de câteva ore. Clătiți sub jet de apă. Încinge uleiul și prăjește ghimbirul și usturoiul timp de 30 de secunde. Adăugați scoicile, apa și uleiul de susan, acoperiți și gătiți până când scoicile se deschid, aproximativ 5 minute. Aruncați tot ce rămâne închis. Se condimentează ușor cu sare și piper și se servește imediat.

midii prajite

pentru 4 persoane

24 de grenade

60 ml / 4 linguri ulei de arahide (arahide).

4 catei de usturoi, tocati

1 ceapa, tocata

2,5 ml / ¬Ω linguriță sare

Curățați bine scoicile și puneți-le la înmuiat în apă cu sare timp de câteva ore. Clătiți sub jet de apă și apoi uscați. Încinge uleiul și prăjește usturoiul, ceapa și sarea până se înmoaie. Adăugați scoicile, acoperiți și gătiți până s-au deschis toate cojile, aproximativ 5 minute. Aruncați tot ce rămâne închis. Se prăjește ușor încă un minut și se unge cu ulei.

prăjituri de crab

pentru 4 persoane

225 g muguri de fasole

60 ml / 4 linguri ulei de arahide (arahide) 100 g / 4 oz muguri de bambus, tăiați în fâșii

1 ceapa, tocata

225 g fulgi de crab

4 oua, batute usor

15 ml / 1 lingură făină de porumb (amidon de porumb)

30 ml/2 linguri sos de soia

Sare și piper negru proaspăt măcinat

Se fierb mugurii de fasole în apă clocotită timp de 4 minute și se scurg. Se încălzește jumătate din ulei și se prăjesc mugurii de fasole, lăstarii de bambus și ceapa până se înmoaie. Scoateți de pe aragaz și adăugați alte ingrediente, cu excepția uleiului. Se încălzește uleiul rămas într-o tigaie curată și, folosind o lingură, se prăjește amestecul de carne de crab în prăjituri mici. Se prăjește până se rumenește pe ambele părți și se servește imediat.

crema de crab

pentru 4 persoane

225 g carne de crab

5 ouă, bătute

1 ceapă primăvară (ceapă), tocată mărunt

250 ml / 8 fl oz / 1 cană apă

5 ml/1 lingurita sare

5 ml/1 lingurita ulei de susan

Amestecați bine toate ingredientele. Se pune intr-un bol, se acopera si se pune intr-un boiler sau gratar cu abur peste apa fierbinte. Gatiti, amestecand din cand in cand, pana devine cremos, aproximativ 35 de minute. Serviți cu orez.

carne de crab din frunze chinezești

pentru 4 persoane

450 g / 1 kg frunze chinezești, ras

45 ml / 3 linguri ulei vegetal

2 ceapa verde (ceapa), tocata

225 g carne de crab

15 ml/1 lingura sos de soia

15 ml / 1 lingura vin de orez sau sherry uscat

5 ml/1 lingurita sare

Se fierb frunzele chinezești în apă clocotită timp de 2 minute, apoi se scurg bine și se clătesc cu apă rece. Se incinge uleiul si se caleste ceapa primavara pana se rumeneste. Adăugați carnea de crab și prăjiți timp de 2 minute. Adăugați frunze chinezești și prăjiți timp de 4 minute. Adăugați sos de soia, vin sau sherry și sare și amestecați bine. Adăugați bulionul și amidonul de porumb, aduceți la fierbere și gătiți, amestecând, până când sosul se îngroașă și se îngroașă, 2 minute.

Crab Foo Yung cu muguri de fasole

pentru 4 persoane

6 oua, batute

45 ml / 3 linguri faina de porumb (amidon de porumb)

225 g carne de crab

100 g muguri de fasole

2 cepe verde (cepe), tocate mărunt

2,5 ml / ¬Ω linguriță sare

45 ml / 3 linguri ulei de arahide (arahide).

Bateți ouăle, apoi adăugați amidonul de porumb și amestecați. Amestecați alte ingrediente, cu excepția uleiului. Se încălzește uleiul și se toarnă treptat amestecul în tigaie, formând clătite mici de aproximativ 3 inci în diametru. Se prăjește până se rumenește pe fund, apoi se întoarce și se prăjește pe cealaltă parte.

ghimbir de crab

pentru 4 persoane

15 ml/1 lingură ulei de arahide (arahide).
2 felii de rădăcină de ghimbir, tocate
4 cepe verde (ceapa), tocate
3 catei de usturoi, tocati
1 ardei rosu, tocat
350 g carne de crab, tăiată cubulețe
2,5 ml / ¬Ω lingurita pasta de peste
2,5 ml / ¬Ω linguriță ulei de susan
15 ml / 1 lingura vin de orez sau sherry uscat
5 ml / 1 lingurita faina de porumb (amidon de porumb)
15 ml/1 lingură apă

Încinge uleiul și prăjește ghimbirul, ceapa primăvară, usturoiul și ardeiul roșu timp de 2 minute. Adăugați carnea de crab și amestecați până se îmbracă bine cu condimente. Adăugați pasta de pește. După ce transformați celelalte ingrediente într-o pastă, adăugați-le în tigaie și prăjiți timp de 1 minut. Serviți imediat.

Crab Lo Mein

pentru 4 persoane

100 g muguri de fasole

30 ml / 2 linguri ulei de arahide (arahide).

5 ml/1 lingurita sare

1 ceapă, feliată

100 g ciuperci, feliate

225 g fulgi de crab

100 g muguri de bambus, feliați

tăiței ridicate

30 ml/2 linguri sos de soia

5 ml/1 lingurita zahar

5 ml/1 lingurita ulei de susan

Sare și piper negru proaspăt măcinat

Se fierb mugurii de fasole în apă clocotită timp de 5 minute și se scurg. Se încălzește uleiul și se prăjește sarea și ceapa până se înmoaie. Adăugați ciupercile și prăjiți până se înmoaie. Adăugați carnea de crab și prăjiți timp de 2 minute. Adăugați mugurii de fasole și lăstarii de bambus și prăjiți timp de 1 minut. Adăugați pastele scurse în tigaie și amestecați ușor. Amestecați sosul de soia, zahărul și uleiul de susan și asezonați cu sare și piper. Se amestecă în tigaie până se încinge.

Crab prajit cu carne de porc

pentru 4 persoane

30 ml / 2 linguri ulei de arahide (arahide).
100 g carne de porc tocata (tacata cubulete).
350 g carne de crab, tăiată cubulețe
2 felii de rădăcină de ghimbir, tocate
2 oua, batute usor
15 ml/1 lingura sos de soia
15 ml / 1 lingura vin de orez sau sherry uscat
30 ml / 2 linguri apă
Sare și piper negru proaspăt măcinat
4 ceapă verde (ceapă verde), tăiată fâșii

Încinge uleiul și prăjește carnea pana se rumenește ușor. Adăugați carnea de crab și ghimbirul și prăjiți timp de 1 minut. Se amestecă ouăle. Adăugați sos de soia, vin sau sherry, apă, sare și piper și gătiți, amestecând, timp de aproximativ 4 minute. Se serveste ornat cu ceapa primavara.

Carne de crab prăjită

pentru 4 persoane

30 ml / 2 linguri ulei de arahide (arahide).

450 g carne de crab, tăiată cubulețe

2 ceapa verde (ceapa), tocata

2 felii de rădăcină de ghimbir, tocate

30 ml/2 linguri sos de soia

30 ml / 2 linguri vin de orez sau sherry uscat

2,5 ml / ¬Ω linguriță sare

15 ml / 1 lingură făină de porumb (amidon de porumb)

60 ml / 4 linguri apă

Se încălzește uleiul și se prăjește carnea de crab, ceapa verde și ghimbirul timp de 1 minut. Adăugați sos de soia, vin sau sherry și sare, acoperiți și gătiți timp de 3 minute. Se amestecă făina de porumb și apa până la o pastă, se adaugă în tigaie și se fierbe, amestecând, până când sosul devine limpede și se îngroașă.

Chiftelușe de calmar prăjite

pentru 4 persoane

450 g calmar

50 g untură, zdrobită

1 albus de ou

2,5 ml / ¬Ω lingurita zahar

2,5 ml / ¬Ω linguriță de făină de porumb (amidon de porumb)

Sare și piper negru proaspăt măcinat

ulei prajit

Curățați calmarii și faceți-i piure sau tocați-i. Amesteca untura, albusurile, zaharul si amidonul de porumb si asezoneaza cu sare si piper. Formați amestecul în bile. Încălziți uleiul și prăjiți biluțele de calmar în reprize, dacă este necesar, până când plutesc în ulei și devin maro auriu. Se scurge bine si se serveste imediat.

homar de canton

pentru 4 persoane

2 homari

30 ml / 2 linguri ulei

15 ml/1 lingură sos de fasole neagră

1 cățel de usturoi, zdrobit

1 ceapa, tocata

225 g carne tocata (tocata).

45 ml / 3 linguri sos de soia

5 ml/1 lingurita zahar

Sare și piper negru proaspăt măcinat

15 ml / 1 lingură făină de porumb (amidon de porumb)

75 ml / 5 linguri apă

1 ou, batut

Toca homarii, scoatem pulpa si taiem cubulete de 2,5 cm. Încinge uleiul și călește sosul de fasole neagră, usturoiul și ceapa până se rumenesc. Adăugați carnea de porc și prăjiți până se rumenește. Adăugați sos de soia, zahăr, sare, piper și homar, acoperiți și gătiți aproximativ 10 minute. Se amestecă făina de porumb și apa într-o pastă, se amestecă în tigaie și se fierbe, amestecând, până când sosul devine limpede și se îngroașă. Înainte de servire, stingeți focul și adăugați oul.

homar prajit

pentru 4 persoane

450 g carne de homar

30 ml/2 linguri sos de soia

5 ml/1 lingurita zahar

1 ou, batut

30 ml / 3 linguri făină (făină universală).

ulei prajit

Tăiați carnea de homar în cuburi de 2,5 cm și asezonați cu sos de soia și zahăr. Se lasa sa se odihneasca 15 minute si apoi se strecoara. Bateți oul și făina, apoi adăugați homarul și amestecați bine. Încinge uleiul și prăjește homarul până se rumenește. Scurgeți pe hârtie de bucătărie înainte de servire.

Homar la abur cu sunca

pentru 4 persoane

4 oua, batute usor

60 ml / 4 linguri apă

5 ml/1 lingurita sare

15 ml/1 lingura sos de soia

450 g carne de homar, în fulgi

15 ml / 1 lingura sunca afumata tocata

15 ml/1 lingura patrunjel proaspat tocat

Bateți ouăle cu apă, sare și sosul de soia. Se toarnă într-un castron acoperit și se stropește cu carne de homar. Așezați vasul pe un grătar în cuptorul cu abur, acoperiți și fierbeți la abur timp de 20 de minute până când ouăle se întăresc. Se serveste garnisita cu sunca si patrunjel.

homar cu ciuperci

pentru 4 persoane

450 g carne de homar

15 ml / 1 lingură făină de porumb (amidon de porumb)

60 ml / 4 linguri apă

30 ml / 2 linguri ulei de arahide (arahide).

4 ceai (cei), tăiați în felii groase

100 g ciuperci, feliate

2,5 ml / ¬Ω linguriță sare

1 cățel de usturoi, zdrobit

30 ml/2 linguri sos de soia

15 ml / 1 lingura vin de orez sau sherry uscat

Tăiați carnea de homar în cuburi de 2,5 cm. Se amestecă făina de porumb și apa într-o pastă și se adaugă la amestec, acoperind cuburile de homar. Se incinge jumatate din ulei si se prajesc cubuletele de homar pana se rumenesc usor, apoi se scot din tigaie. Se încălzește uleiul rămas și se prăjește ceapa primăvară până se rumenește. Adăugați ciupercile și prăjiți timp de 3 minute. Adauga sare, usturoi, sos de soia si vin sau sherry si se caleste timp de 2 minute. Întoarceți homarul în tigaie și prăjiți până se încălzește.

Cozi de homar cu carne de porc

pentru 4 persoane

3 ciuperci chinezești uscate
4 cozi de homar
60 ml / 4 linguri ulei de arahide (arahide).
100 g carne de porc tocata (tacata cubulete).
50 g castane de apa, tocate marunt
Sare și piper negru proaspăt măcinat
2 catei de usturoi, tocati
45 ml / 3 linguri sos de soia
30 ml / 2 linguri vin de orez sau sherry uscat
30 ml/2 linguri sos de fasole neagra
10 ml / 2 linguri faina de porumb (amidon de porumb)
120 ml / 4 fl oz / ¬Ω pahar de apă

Înmuiați ciupercile în apă caldă timp de 30 de minute, apoi scurgeți-le. Scoateți tulpinile și tăiați capacele. Tăiați cozile homarului în jumătate pe lungime. Scoateți carnea de pe cozile homarului și despărțiți cojile. Se încălzește jumătate din ulei și se prăjește carnea până se rumenește ușor. Se ia de pe foc si se adauga ciupercile, carnea homarului, castanele, sare si piper. Așezați carnea în coji de homar și puneți-o pe o tavă de copt. Puneți pe un grătar în cuptorul cu abur, acoperiți și gătiți la abur până când este fiert, aproximativ 20 de minute. Între timp, încălziți uleiul rămas și prăjiți usturoiul, sosul de soia, vinul sau sherry și sosul de fasole neagră timp de 2 minute. Amestecați făina de porumb și apa într-un aluat, amestecați în tigaie și gătiți, amestecând, până când sosul se îngroașă.

homar prajit

pentru 4 persoane

450 g / 1 kilogram coada homar

30 ml / 2 linguri ulei de arahide (arahide).

1 cățel de usturoi, zdrobit

2,5 ml / ¬Ω linguriță sare

350 g muguri de fasole

50 g ciuperci

4 ceai (cei), tăiați în felii groase

150 ml / ¬° pt / mult ¬Ω pahar de bulion de pui

15 ml / 1 lingură făină de porumb (amidon de porumb)

Aduceți o oală cu apă la fiert, adăugați cozile de homar și gătiți timp de 1 minut. Se scurge, se lasa sa se raceasca, se scoate coaja si se taie felii groase. Se incinge uleiul cu usturoi si sare si se prajeste pana usturoiul devine usor auriu. Adăugați homarul și prăjiți timp de 1 minut. Adăugați mugurii de fasole și ciupercile și prăjiți timp de 1 minut. Adăugați ceapa primăvară. Adăugați cea mai mare parte din bulion, aduceți la fierbere și fierbeți, acoperit, timp de 3 minute. Amestecați amidonul de porumb cu bulionul rămas, turnați în tigaie și gătiți, amestecând, până când sosul devine limpede și se îngroașă.

cuiburi de homar

pentru 4 persoane

30 ml / 2 linguri ulei de arahide (arahide).

5 ml/1 lingurita sare

1 ceapă, feliată subțire

100 g ciuperci, feliate

100 g lăstar de bambus, feliat 225 g carne de homar gătită

15 ml / 1 lingura vin de orez sau sherry uscat

120 ml / 4 fl oz / ¬Ω cană bulion de pui

un praf de piper proaspat macinat

10 ml / 2 lingurițe de făină de porumb (amidon de porumb)

15 ml/1 lingură apă

4 cosuri cu paste

Se încălzește uleiul și se prăjește sarea și ceapa până se înmoaie. Adăugați ciupercile și lăstarii de bambus și prăjiți timp de 2 minute. Adăugați carnea de homar, vinul sau sherry și bulionul, aduceți la fierbere, acoperiți și gătiți timp de 2 minute. Piper. Măcinați făina de porumb și apa într-o pastă, amestecați în tigaie și gătiți, amestecând, până când sosul se îngroașă. Așezați cuiburile de paste pe un platou cald de servire și garniți cu homar prăjit.

Midiile cu sos de fasole neagra

pentru 4 persoane

45 ml / 3 linguri ulei de arahide (arahide).
2 catei de usturoi, tocati
2 felii de rădăcină de ghimbir, tocate
30 ml/2 linguri sos de fasole neagra
15 ml/1 lingura sos de soia
1,5 kg midii, spalate si ras
2 ceapa verde (ceapa), tocata

Încinge uleiul și prăjește usturoiul și ghimbirul timp de 30 de secunde. Adăugați sosul de fasole neagră și sosul de soia și căliți timp de 10 secunde. Adăugați scoici, acoperiți și gătiți până când scoicile se deschid, aproximativ 6 minute. Aruncați tot ce rămâne închis. Puneți-l într-un castron de servire fierbinte și presărați ceapa primăvară deasupra și serviți.

midii ghimbir

pentru 4 persoane

45 ml / 3 linguri ulei de arahide (arahide).

2 catei de usturoi, tocati

4 felii rădăcină de ghimbir, tocate

1,5 kg midii, spalate si ras

45 ml / 3 linguri apă

15 ml/1 lingura sos de stridii

Încinge uleiul și prăjește usturoiul și ghimbirul timp de 30 de secunde. Adăugați scoici și apă, acoperiți și gătiți până când scoicile se deschid, aproximativ 6 minute. Aruncați tot ce rămâne închis. Transferați într-un castron de servire fierbinte și serviți cu sos de stridii deasupra.

midii aburite

pentru 4 persoane

1,5 kg midii, spalate si ras
45 ml / 3 linguri sos de soia
3 cepe verzi (cepe), tocate mărunt

Puneti scoicile pe un gratar in cuptorul cu abur, acoperiti si fierbeti in apa clocotita pana se deschid toate cojile, aproximativ 10 minute. Aruncați tot ce rămâne închis. Așezați-l într-un castron de servire fierbinte și ornați-l cu sos de soia și ceapă verde și serviți.

stridii prăjite

pentru 4 persoane

24 de stridii, decojite
Sare și piper negru proaspăt măcinat
1 ou, batut
50 g / 2 oz / ¬Ω cană făină simplă (universal).
250 ml / 8 fl oz / 1 cană apă
ulei prajit
4 cepe verde (ceapa), tocate

Se presară stridiile cu sare și piper. Se amestecă oul cu făină și apă, se face un aluat și se întinde pe stridii. Încinge uleiul și prăjește stridiile până se rumenesc. Se scurge pe hartie de bucatarie si se orneaza cu ceapa primavara si se serveste.

stridii cu bacon

pentru 4 persoane

175 g bacon

24 de stridii, decojite

1 ou, batut usor

15 ml/1 lingură apă

45 ml / 3 linguri ulei de arahide (arahide).

2 cepe, tocate

15 ml / 1 lingură făină de porumb (amidon de porumb)

15 ml/1 lingura sos de soia

90 ml / 6 linguri supă de pui

Tăiați slănina în bucăți și înfășurați câte o bucată în jurul fiecărei stridii. Bateți oul în apă și apoi scufundați-l pentru a acoperi stridiile. Se incinge jumatate din ulei si se prajesc scoicile pana se rumenesc pe ambele parti, apoi se scot din tigaie si se lasa uleiul sa se scurga. Se încălzește uleiul rămas și se prăjește ceapa până se înmoaie. Se amestecă amidonul de porumb, sosul de soia și bulionul într-o pastă, se toarnă în tigaie și se fierbe, amestecând, până când sosul devine limpede și se îngroașă. Se toarnă peste stridii și se servește imediat.

Stridii prăjite cu ghimbir

pentru 4 persoane

24 de stridii, decojite
2 felii de rădăcină de ghimbir, tocate
30 ml/2 linguri sos de soia
15 ml / 1 lingura vin de orez sau sherry uscat
4 ceapă verde (ceapă verde), tăiată fâșii
100 g bacon
1 ou
50 g / 2 oz / ¬Ω cană făină simplă (universal).
Sare și piper negru proaspăt măcinat
ulei prajit
1 lămâie, feliată

Pune stridiile într-un castron cu ghimbirul, sosul de soia și vinul sau sherry și amestecăm bine. Se lasa sa se odihneasca 30 de minute. Puneți câteva felii de ceai verde pe fiecare stridie. Tăiați slănina în bucăți și înfășurați câte o bucată în jurul fiecărei stridii. Se amestecă oul și făina în aluat și se condimentează cu sare și piper. Înmuiați scoici în aluat până când sunt bine acoperite. Încinge uleiul și prăjește stridiile până se rumenesc. Se serveste garnisita cu felii de lamaie.

Stridii cu sos de fasole neagră

pentru 4 persoane

350 g stridii decojite
120 ml / 4 fl oz / ¬Ω cană ulei de arahide (ulei de arahide).
2 catei de usturoi, tocati
3 cepe principale (salote), feliate
15 ml/1 lingură sos de fasole neagră
30 ml / 2 linguri sos de soia închis
15 ml/1 lingura ulei de susan
un praf de ardei iute

Se fierb stridiile în apă clocotită timp de 30 de secunde și se scurg. Încinge uleiul și căliți usturoiul și ceapa verde timp de 30 de secunde. Adaugati sosul de fasole neagra, sosul de soia, uleiul de susan si stridiile si asezonati cu pudra de chili. Se caleste pana este fiert si se serveste imediat.

Midii cu muguri de bambus

pentru 4 persoane

60 ml / 4 linguri ulei de arahide (arahide).

6 cepe verde (ceapa), tocate

225 g ciuperci, tăiate în sferturi

15 ml/1 lingură zahăr

450 g midii decojite

2 felii de rădăcină de ghimbir, tocate

225 g muguri de bambus, feliați

Sare și piper negru proaspăt măcinat

Pentru 300 ml / ¬Ω / 1 ¬° pahar de apă

30 ml / 2 linguri otet de vin

30 ml / 2 linguri faina de porumb (amidon de porumb)

Pentru 150 ml / ¬° / o mulțime de ¬Ω pahar cu apă

45 ml / 3 linguri sos de soia

Încinge uleiul și prăjește ceapa primăvară și ciupercile timp de 2 minute. Adăugați zahăr, midii, ghimbir, muguri de bambus, sare și piper, acoperiți și gătiți timp de 5 minute. Adăugați apă și oțet de vin, aduceți la fiert și gătiți, acoperit, timp de 5 minute. Măcinați făina de porumb și apa într-o pastă, amestecați în tigaie și gătiți, amestecând, până când sosul se îngroașă. Stropiți deasupra sos de soia și serviți.

scoici cu ou

pentru 4 persoane

45 ml / 3 linguri ulei de arahide (arahide).

350 g midii decojite

25 g sunca afumata, tocata

30 ml / 2 linguri vin de orez sau sherry uscat

5 ml/1 lingurita zahar

2,5 ml / ¬Ω linguriță sare

un praf de piper proaspat macinat

2 oua, batute usor

15 ml/1 lingura sos de soia

Încinge uleiul și prăjește scoici timp de 30 de secunde. Adăugați șunca și prăjiți timp de 1 minut. Adăugați vin sau sherry, zahăr, sare și piper și gătiți timp de 1 minut. Adăugați ouăle și amestecați ușor la foc mare până când ingredientele sunt bine acoperite cu ou. Se serveste cu sos de soia presarat pe el.

Scoici cu broccoli

pentru 4 persoane

350 g scoici, feliate

3 felii de rădăcină de ghimbir, tocate

¬Ω morcovi mici, feliați

1 cățel de usturoi, zdrobit

45 ml / 3 linguri făină (făină universală).

2,5 ml / ¬Ω linguriță de bicarbonat de sodiu (bicarbonat de sodiu)

30 ml / 2 linguri ulei de arahide (arahide).

15 ml/1 lingură apă

1 banană, feliată

ulei prajit

275 g broccoli

Sare

5 ml/1 lingurita ulei de susan

2,5 ml / ¬Ω lingurita sos chili

2,5 ml / ¬Ω lingurita otet de vin

2,5 ml / ¬Ω linguriță pastă de tomate √ © e (paste)

Amesteca midiile cu ghimbir, morcovi si usturoi si lasa-le sa se odihneasca. Se amestecă făina, praful de copt, 15 ml/1 lingură ulei și apă, se face un aluat și se distribuie peste feliile de banană.

Se încălzește uleiul și se prăjește banana până se rumenește, apoi se scurge și se pune pe o farfurie caldă de servire. Între timp, gătiți broccoli în apă clocotită cu sare până se înmoaie, apoi scurgeți. Se încălzește uleiul rămas cu ulei de susan și se prăjește scurt broccoli, apoi se aranjează pe farfuria cu bananele.

Adăugați în tigaie sosul de ardei, oțetul de vin și pasta de roșii și prăjiți scoici până când sunt fierte. Se pune intr-un bol de servire si se serveste imediat.

Scoici cu ghimbir

pentru 4 persoane

45 ml / 3 linguri ulei de arahide (arahide).

2,5 ml / ¬Ω linguriță sare

3 felii de rădăcină de ghimbir, tocate

2 ceapa verde (ceapa verde), taiata in felii groase

450 g midii decojite, tăiate în jumătate

15 ml / 1 lingură făină de porumb (amidon de porumb)

60 ml / 4 linguri apă

Încinge uleiul și prăjește sarea și ghimbirul timp de 30 de secunde. Adăugați ceapa primăvară și prăjiți până își schimbă culoarea. Adăugați midiile și prăjiți timp de 3 minute. Faceți făină de porumb și apă într-un aluat, adăugați-l în tigaie și gătiți, amestecând, până se îngroașă. Serviți imediat.

scoici cu șuncă

pentru 4 persoane

450 g midii decojite, tăiate în jumătate
250 ml / 8 fl oz / 1 pahar de vin de orez sau sherry uscat
1 ceapa, tocata marunt
2 felii de rădăcină de ghimbir, tocate
2,5 ml / ¬Ω linguriță sare
100 g sunca afumata, tocata

Pune midiile intr-un bol si adauga vin sau sherry. Acoperiți și marinați timp de 30 de minute, întorcându-le din când în când, apoi scurgeți midiile și aruncați marinada. Aranjați scoicile într-un vas rezistent la cuptor cu celelalte ingrediente. Așezați cratita pe grătar în cuptorul cu abur, acoperiți și fierbeți în apă clocotită până când midiile sunt fragede, aproximativ 6 minute.

Supă de midii din plante

pentru 4 persoane

225 g midii decojite
30 ml / 2 linguri coriandru proaspat tocat
4 oua, batute
15 ml / 1 lingura vin de orez sau sherry uscat
Sare și piper negru proaspăt măcinat
15 ml/1 lingură ulei de arahide (arahide).

Puneți scoicile în cuptorul cu abur și gătiți până sunt fierte, aproximativ 3 minute, în funcție de dimensiune. Scoateți din cuptorul cu abur și stropiți cu coriandru. Bateți ouăle cu vin sau sherry și asezonați cu sare și piper. Adăugați scoici și coriandru. Se încălzește uleiul și se prăjește amestecul de ouă și scoici, amestecând continuu, până se întăresc ouăle. Serviți imediat.

Scoici și ceapă prăjite

pentru 4 persoane

45 ml / 3 linguri ulei de arahide (arahide).
1 ceapă, feliată
450 g midii decojite, tăiate în sferturi
Sare și piper negru proaspăt măcinat
15 ml / 1 lingura vin de orez sau sherry uscat

Se incinge uleiul si se caleste ceapa pana se inmoaie. Adăugați scoici și prăjiți până se rumenesc. Se condimentează după gust cu sare și piper, se deglasează cu vin sau sherry și se servește imediat.

Scoici cu legume

pentru 4-6 persoane

4 ciuperci chinezești uscate

2 cepe

30 ml / 2 linguri ulei de arahide (arahide).

3 tulpini de telina, taiate in diagonala

225 g fasole verde, feliată în diagonală

10 ml / 2 lingurițe rădăcină de ghimbir rasă

1 cățel de usturoi, zdrobit

20 ml / 4 lingurițe de făină de porumb (amidon de porumb)

250 ml / 8 fl oz / 1 cană bulion de pui

30 ml / 2 linguri vin de orez sau sherry uscat

30 ml/2 linguri sos de soia

450 g midii decojite, tăiate în sferturi

6 cepe de primăvară (șalote), tăiate felii

425g conserve de porumb pe stiuleți

Înmuiați ciupercile în apă caldă timp de 30 de minute, apoi scurgeți-le. Scoateți tulpinile și tăiați capacele. Tăiați ceapa și despărțiți straturile. Încinge uleiul și căliți ceapa, țelina, fasolea, ghimbirul și usturoiul timp de 3 minute. Amestecați amidonul de porumb cu puțin bulion și apoi adăugați bulionul rămas, vinul sau sherry și sosul de soia. Se adaugă în wok și se amestecă pentru a aduce la fierbere. Adăugați ciupercile, scoicile, ceapa verde și porumbul și căleți până când scoicile sunt fragede, aproximativ 5 minute.

scoici cu piper

pentru 4 persoane

30 ml / 2 linguri ulei de arahide (arahide).

3 cepe verde (ceapa), tocate

1 cățel de usturoi, zdrobit

2 felii de rădăcină de ghimbir, tocate

2 ardei rosii, tocati

450 g midii decojite

30 ml / 2 linguri vin de orez sau sherry uscat

15 ml/1 lingura sos de soia

15 ml/1 lingură sos de fasole galbenă

5 ml/1 lingurita zahar

5 ml/1 lingurita ulei de susan

Încinge uleiul şi prăjeşte ceapa primăvară, usturoiul şi ghimbirul timp de 30 de secunde. Se adaugă ardei şi se căleşte timp de 1 minut. Adăugaţi scoicile şi gătiţi timp de 30 de secunde, apoi adăugaţi celelalte ingrediente şi gătiţi până când scoicile sunt fragede, aproximativ 3 minute.

Calamar cu muguri de fasole

pentru 4 persoane

450 g calmar

30 ml / 2 linguri ulei de arahide (arahide).

15 ml / 1 lingura vin de orez sau sherry uscat

100 g muguri de fasole

15 ml/1 lingura sos de soia

Sare

1 ardei rosu, tocat

2 felii de rădăcină de ghimbir, tocate

2 ceapa verde (ceapa), tocata

Scoateți capul, intestinele și membrana calamarului și tăiați în bucăți mari. Tăiați un model diagonal în fiecare bucată. Aduceți o oală cu apă la fiert, adăugați calamarul și fierbeți până când bucățile sunt fragede, apoi scurgeți și scurgeți. Se încălzește jumătate din ulei și se prăjește pentru scurt timp calmarii. Se degresează cu vin sau sherry. Între timp, încălziți uleiul rămas și prăjiți mugurii de fasole până se înmoaie. Asezonați cu sos de soia și sare. Aranjați ardeiul, ghimbirul și ceapa primăvară pe o farfurie de servire. Asezati mugurii de fasole in mijloc si asezati calmarul deasupra. Serviți imediat.

calamar prajit

pentru 4 persoane

50 g făină simplă (făină universală).
25 g / 1 oz / ¬° cană făină de porumb (amidon de porumb)
2,5 ml / ¬Ω lingurita de bicarbonat de sodiu
2,5 ml / ¬Ω linguriță sare
1 ou
75 ml / 5 linguri apă

15 ml/1 lingură ulei de arahide (arahide).

450 g calmar, tăiat în inele

ulei prajit

Se amestecă făina, amidonul de porumb, praful de copt, sarea, oul, apa și uleiul până se formează un aluat. Înmuiați calmarul în aluat până când este bine acoperit. Se incinge uleiul si se prajesc calmarii putin cate putin pana se rumenesc. Scurgeți pe hârtie de bucătărie înainte de servire.

pachete de calmar

pentru 4 persoane

8 ciuperci chinezești uscate

450 g calmar

100 g sunca afumata

100 g tofu

1 ou, batut

15 ml/1 lingură făină (pentru toate utilizările).

2,5 ml / ¬Ω lingurita zahar

2,5 ml / ¬Ω linguriță ulei de susan
Sare și piper negru proaspăt măcinat
8 wonton aspect
ulei prajit

Înmuiați ciupercile în apă caldă timp de 30 de minute, apoi scurgeți-le. Aruncați tulpinile. Curățați calmarii și tăiați-i în 8 bucăți. Tăiați șunca și tofu în 8 bucăți. Pune totul într-un castron. Amesteca oul cu faina, zaharul, uleiul de susan, sare si piper. Adăugați ingredientele în bol și amestecați ușor. Pune o ciupercă și o bucată de calmar, șuncă și tofu chiar sub centrul fiecărei coji wonton. Îndoiți colțul de jos, îndoiți părțile laterale, apoi rulați și sigilați umezind marginile cu apă. Încinge uleiul și prăjește găluștele până se rumenesc, aproximativ 8 minute. Scurgeți bine înainte de servire.

Rulouri de calmar prajit

pentru 4 persoane

45 ml / 3 linguri ulei de arahide (arahide).

225 g inele de calmar

1 ardei verde mare, tăiat în bucăți

100 g muguri de bambus, feliați

2 cepe verde (cepe), tocate mărunt

1 felie radacina de ghimbir, tocata marunt

45 ml / 2 linguri sos de soia

30 ml / 2 linguri vin de orez sau sherry uscat

15 ml / 1 lingură făină de porumb (amidon de porumb)

15 ml / 1 lingură bulion de pește sau apă

5 ml/1 lingurita zahar

5ml/1 lingurita otet de vin

5 ml/1 lingurita ulei de susan

Sare și piper negru proaspăt măcinat

Încinge 15 ml/1 lingură ulei și prăjește rapid inelele de calmar până când sunt bine etanșate. Între timp, încălziți uleiul rămas într-o tigaie separată și prăjiți ardeii, lăstarii de bambus, ceapa primăvară și ghimbirul timp de 2 minute. Adăugați calamarul și prăjiți timp de 1 minut. Amestecați sosul de soia, vinul sau sherry, amidonul de porumb, bulionul, zahărul, oțetul de vin și uleiul de susan și asezonați cu sare și piper. Se caleste pana cand sosul devine limpede si se ingroasa.

calamar prajit

pentru 4 persoane

45 ml / 3 linguri ulei de arahide (arahide).
3 ceai (cei), tăiați în felii groase
2 felii de rădăcină de ghimbir, tocate
450 g calmar, tăiat în bucăți
15 ml/1 lingura sos de soia
15 ml / 1 lingura vin de orez sau sherry uscat
5 ml / 1 lingurita faina de porumb (amidon de porumb)
15 ml/1 lingură apă

Se încălzește uleiul și se prăjește ceapa primăvară și ghimbirul până se înmoaie. Se adaugă calamarul și se prăjește până se îmbracă cu ulei. Adăugați sos de soia și vin sau sherry, acoperiți și gătiți timp de 2 minute. Se amestecă făina de porumb și apa într-o pastă, se adaugă în tigaie și se fierbe, amestecând, până când sosul se îngroașă și calamarul devine moale.

Calamar cu ciuperci uscate

pentru 4 persoane

50 g ciuperci chinezești uscate

450 g inele de calmar

45 ml / 3 linguri ulei de arahide (arahide).

45 ml / 3 linguri sos de soia

2 cepe verde (cepe), tocate mărunt

1 felie radacina de ghimbir, tocata

225 g muguri de bambus, tăiați în fâșii

30 ml / 2 linguri faina de porumb (amidon de porumb)

Pentru 150 ml / ¬° / bun ¬Ω pahar de bulion de pește

Înmuiați ciupercile în apă caldă timp de 30 de minute, apoi scurgeți-le. Scoateți tulpinile și tăiați capacele. Gatiti inelele de calmar in apa clocotita pentru cateva secunde. Se incinge uleiul, apoi se adauga ciupercile, sosul de soia, ceapa primavara si ghimbirul si se prajesc 2 minute. Adăugați calmarul și lăstarii de bambus și prăjiți timp de 2 minute. Se amestecă amidonul de porumb și bulionul și se amestecă în tigaie. Gatiti, amestecand, pana cand sosul devine limpede si se ingroasa.

calamar cu legume

pentru 4 persoane

45 ml / 3 linguri ulei de arahide (arahide).

1 ceapă, feliată

5 ml/1 lingurita sare

450 g calmar, tăiat în bucăți

100 g muguri de bambus, feliați

2 tulpini de telina, taiate in diagonala

60 ml / 4 linguri supă de pui

5 ml/1 lingurita zahar

100 g mazăre sugar snap (mazăre sugar snap)

5 ml / 1 lingurita faina de porumb (amidon de porumb)

15 ml/1 lingură apă

Se încălzește uleiul și se prăjește ceapa și sarea până se rumenește. Se adaugă calamarul și se prăjește până se îmbracă cu ulei. Adăugați lăstarii de bambus și țelina și prăjiți timp de 3 minute. Adăugați bulion și zahăr, aduceți la fiert și gătiți, acoperit, timp de 3 minute, până când legumele sunt fragede. Adăugați mazărea cu zahăr. Măcinați făina de porumb și apa *într-o pastă, amestecați în tigaie și gătiți, amestecând, până când sosul se îngroașă.*

Carne de vită înăbușită cu anason

pentru 4 persoane

30 ml / 2 linguri ulei de arahide (arahide).

450 g/1 kg carne de vită

1 cățel de usturoi, zdrobit

45 ml / 3 linguri sos de soia

15 ml/1 lingură apă

15 ml / 1 lingura vin de orez sau sherry uscat

5 ml/1 lingurita sare

5 ml/1 lingurita zahar

2 cuișoare de anason stelat

Încinge uleiul și prăjește carnea până se rumenește pe toate părțile. Adăugați ingredientele rămase, aduceți la fiert, acoperiți și gătiți aproximativ 45 de minute, apoi întoarceți carnea și adăugați puțină apă și sos de soia dacă carnea se usucă. Gatiti inca 45 de minute pana cand carnea este frageda. Aruncați anasonul stelat înainte de servire.

Carne de vită cu sparanghel

pentru 4 persoane

450 g pulpă de vită, tăiată cubulețe
30 ml/2 linguri sos de soia
30 ml / 2 linguri vin de orez sau sherry uscat
45 ml / 3 linguri faina de porumb (amidon de porumb)
45 ml / 3 linguri ulei de arahide (arahide).
5 ml/1 lingurita sare
1 cățel de usturoi, zdrobit
350 g varfuri de sparanghel
120 ml / 4 fl oz / ¬Ω cană bulion de pui
15 ml/1 lingura sos de soia

Puneți fripturile într-un castron. Amestecați sosul de soia, vinul sau sherry și 30ml / 2 linguri amidon de porumb, turnați peste friptură și amestecați bine. Lasam la marinat aproximativ 30 de minute. Se incinge uleiul cu sare si usturoi si se prajeste pana usturoiul devine usor auriu. Adăugați carnea și marinada și prăjiți timp de 4 minute. Adăugați sparanghelul și prăjiți într-o tigaie timp de 2 minute. Adăugați bulionul și sosul de soia, aduceți la fiert și gătiți, amestecând, până când carnea este gătită, 3 minute. Amestecați amidonul de porumb rămas cu puțină apă sau bulion și adăugați-l în sos. Gatiti, amestecand, cateva minute pana cand sosul se ingroasa si se ingroasa.

Carne de vită cu muguri de bambus

pentru 4 persoane

45 ml / 3 linguri ulei de arahide (arahide).
1 cățel de usturoi, zdrobit
1 ceapă (ceapă), tocată
1 felie radacina de ghimbir, tocata
225 g carne slabă de vită, tăiată fâșii
100 g muguri de bambus
45 ml / 3 linguri sos de soia
15 ml / 1 lingura vin de orez sau sherry uscat
5 ml / 1 lingurita faina de porumb (amidon de porumb)

Se încălzește uleiul și se prăjește usturoiul, ceapa primăvară și ghimbirul până se rumenesc. Adăugați carnea și prăjiți timp de 4 minute până se rumenește. Adăugați lăstari de bambus și prăjiți timp de 3 minute. Adăugați sos de soia, vin sau sherry și amidon de porumb și prăjiți timp de 4 minute.

Carne de vită cu muguri de bambus și ciuperci

pentru 4 persoane

225 g carne de vită slabă

45 ml / 3 linguri ulei de arahide (arahide).

1 felie radacina de ghimbir, tocata

100 g muguri de bambus, feliați

100 g ciuperci, feliate

45 ml / 3 linguri vin de orez sau sherry uscat

5 ml/1 lingurita zahar

10 ml / 2 lingurite sos de soia

sare si piper

120 ml / 4 fl oz / ¬Ω bulion de cană

15 ml / 1 lingură făină de porumb (amidon de porumb)

30 ml / 2 linguri apă

Tăiați carnea subțire împotriva bobului. Încinge uleiul și prăjește ghimbirul pentru câteva secunde. Se adauga carnea si se prajeste pana se rumeneste. Adăugați lăstarii de bambus și ciupercile și prăjiți timp de 1 minut. Adăugați vinul sau sherry, zahărul și sosul de soia și asezonați cu sare și piper. Adăugați bulion, aduceți la fiert, acoperiți și gătiți timp de 3 minute. Amestecați amidonul de porumb și apa, turnați în tigaie și gătiți, amestecând, până când sosul se îngroașă.

Carne de vită chinezească fiartă

pentru 4 persoane

45 ml / 3 linguri ulei de arahide (arahide).

900 g friptură de vită

1 ceapă (ceapă), feliată

1 catel de usturoi, tocat

1 felie radacina de ghimbir, tocata

60 ml/4 linguri sos de soia

30 ml / 2 linguri vin de orez sau sherry uscat

5 ml/1 lingurita zahar

5 ml/1 lingurita sare

piper măcinat

750 ml / 1° punct / 3 căni de apă clocotită

Se încălzește uleiul și se prăjește carnea scurt pe toate părțile. Adăugați ceapa verde, usturoiul, ghimbirul, sosul de soia, vinul sau sherry, zahărul, sare și piper. Se fierbe în timp ce se amestecă. Adăugați apă clocotită, aduceți din nou la fiert, amestecând și gătiți aproximativ 2 ore până când carnea este fragedă.

Carne de vită cu muguri de fasole

pentru 4 persoane

450 g carne slabă de vită, feliată

1 albus de ou

30 ml / 2 linguri ulei de arahide (arahide).

15 ml / 1 lingură făină de porumb (amidon de porumb)

15 ml/1 lingura sos de soia

100 g muguri de fasole

25 g/1 oz varză murată, mărunțită

1 ardei rosu, tocat

2 ceapa verde (ceapa), tocata

2 felii de rădăcină de ghimbir, tocate

Sare

5 ml/1 lingurita sos de stridii

5 ml/1 lingurita ulei de susan

Amestecați carnea cu albușul, jumătate de ulei, amidonul de porumb și sosul de soia și lăsați-o să se odihnească 30 de minute. Se albesc mugurii de fasole în apă clocotită timp de aproximativ 8 minute până când sunt aproape fragezi, apoi se scurg. Se încălzește uleiul rămas și se prăjește carnea până se rumenește ușor, apoi se scoate din tigaie. Se adauga varza, ardeiul rosu, ghimbirul, sarea, sosul de stridii si uleiul de susan si se prajesc 2 minute. Adăugați germeni de fasole și prăjiți timp de 2 minute. Reveniți carnea în tigaie și căliți-o până se amestecă bine și se încălzește. Serviți imediat.

Friptura cu broccoli

pentru 4 persoane

450 g / 1 kg pulpă de vită, tăiată în felii subțiri

30 ml / 2 linguri faina de porumb (amidon de porumb)

15 ml / 1 lingura vin de orez sau sherry uscat

15 ml/1 lingura sos de soia

30 ml / 2 linguri ulei de arahide (arahide).

5 ml/1 lingurita sare

1 cățel de usturoi, zdrobit

225 g flori de broccoli

150 ml / ¬° pt / multă ¬Ω bulion de cană

Puneți fripturile într-un castron. Se amestecă 15 ml/1 lingură amidon de porumb cu vin sau sos de sherry și soia, se adaugă carnea și se lasă la marinat 30 de minute. Se incinge uleiul cu sare si usturoi si se prajeste pana usturoiul devine usor auriu. Adăugați friptura și marinada și prăjiți timp de 4 minute. Adăugați broccoli și prăjiți timp de 3 minute. Adăugați bulionul, aduceți la fierbere, acoperiți și gătiți timp de 5 minute până când broccoli este fraged, dar încă crocant. Amestecați amidonul de porumb rămas cu puțină apă și adăugați-l în sos. Gatiti, amestecand, pana cand sosul devine limpede si se ingroasa.

Carne de susan cu broccoli

pentru 4 persoane

150 g carne slabă de vită, tăiată în felii subțiri

2,5 ml / ¬Ω lingurita sos de stridii

5 ml / 1 lingurita faina de porumb (amidon de porumb)

5 ml/1 lingurita otet de vin alb

60 ml / 4 linguri ulei de arahide (arahide).

100 g flori de broccoli

5 ml/1 lingurita sos de peste

2,5 ml / ¬Ω lingurita sos de soia

250 ml / 8 fl oz / 1 cană bulion

30 ml / 2 linguri de seminte de susan

Marinați carnea în sos de stridii, 2,5 ml / ¬Ω linguriță de amidon de porumb, 2,5 ml / ¬Ω linguriță de oțet de vin și 15 ml / ¬Ω linguriță de ulei timp de 1 oră.

Între timp, încălziți 15 ml/1 lingură de ulei, adăugați broccoli, 2,5 ml/¬Ω linguriță de sos de pește, sosul de soia și oțetul de vin rămas și acoperiți ușor cu apă clocotită. Gatiti pana se inmoaie, aproximativ 10 minute.

Într-o tigaie separată, încălziți 30 ml/2 linguri de ulei și prăjiți ușor carnea de vițel până se condimentează. Adăugați bulionul, amidonul de porumb rămas și sosul de pește, aduceți la fiert și gătiți, acoperit, până când carnea este fragedă, aproximativ 10 minute. Scurgeți broccoli și aranjați-l pe un platou cald de servire. Acoperiți carnea și presărați generos cu semințe de susan.

carne la gratar

pentru 4 persoane

450 g friptură slabă, feliată

60 ml/4 linguri sos de soia

2 catei de usturoi, tocati

5 ml/1 lingurita sare

2,5 ml / ¬Ω lingurita piper negru proaspat macinat

10 ml / 2 linguriţe de zahăr

Se amestecă toate ingredientele şi se lasă la marinat timp de 3 ore. Gratar sau gratar (coace) pe un gratar incins timp de aproximativ 5 minute pe fiecare parte.

carne de vită cantoneză

pentru 4 persoane

30 ml / 2 linguri faina de porumb (amidon de porumb)
Bateți 2 albușuri bătute spumă până devin pufoase.
450 g friptură, tăiată fâșii
ulei prajit
4 batoane de telina, feliate
2 cepe, feliate
60 ml / 4 linguri apă
20 ml / 4 lingurițe sare
75 ml / 5 linguri sos de soia
60 ml / 4 linguri vin de orez sau sherry uscat
30 ml / 2 linguri zahăr
piper negru proaspăt

Se amestecă jumătate din amidon de porumb cu albușuri. Adăugați friptura și amestecați pentru a acoperi carnea de vită cu aluat. Încinge uleiul și prăjește friptura până se rumenește. Scoateți din tavă și scurgeți pe hârtie de bucătărie. Se încălzește 15 ml/1 lingură ulei și se prăjește țelina și ceapa timp de 3 minute. Adaugati carnea, apa, sare, sos de soia, vin sau sherry si zahar si asezonati cu piper. Se aduce la fierbere și se fierbe, amestecând, până se îngroașă sosul.

Carne de vită cu morcovi

pentru 4 persoane

30 ml / 2 linguri ulei de arahide (arahide).

450 g carne slabă de vită, tocată

2 ceai (cei), feliați

2 catei de usturoi, tocati

1 felie radacina de ghimbir, tocata

250 ml / 8 fl oz / 1 cană sos de soia

30 ml / 2 linguri vin de orez sau sherry uscat

30 ml / 2 linguri zahăr brun

5 ml/1 lingurita sare

600 ml / 1 pt / 2 ¬Ω cană apă

4 morcovi, feliați în diagonală

Încinge uleiul și prăjește carnea până se rumenește. Scurgeți excesul de ulei, adăugați ceapa primăvară, usturoiul, ghimbirul și anasonul și prăjiți timp de 2 minute. Adăugați sos de soia, vin sau sherry, zahăr și sare și amestecați bine. Adăugați apă, aduceți la fiert, acoperiți și gătiți timp de 1 oră. Adăugați morcovii, acoperiți și gătiți încă 30 de minute. Scoateți capacul și gătiți până se reduce sosul.

Carne de vită cu caju

pentru 4 persoane

60 ml / 4 linguri ulei de arahide (arahide).
450 g / 1 kg pulpă de vită, tăiată în felii subțiri
8 ceapa primavara (sallot), taiata bucatele
2 catei de usturoi, tocati
1 felie radacina de ghimbir, tocata
75 g / 3 oz / ¬œ cană caju prăjite
120 ml / 4 fl oz / ¬Ω pahar de apă
20 ml / 4 lingurițe de făină de porumb (amidon de porumb)
20 ml / 4 lingurite sos de soia
5 ml/1 lingurita ulei de susan
5 ml/1 lingurita sos de stridii
5 ml/1 lingurita sos chili

Se încălzește jumătate din ulei și se prăjește carnea până se rumenește. Scoateți din tigaie. Se încălzește uleiul rămas și se prăjește ceapa primăvară, usturoiul, ghimbirul și caju pentru 1 minut. Întoarceți carnea în tigaie. Se amestecă celelalte ingrediente și se toarnă amestecul în oală. Se aduce la fierbere și se fierbe, amestecând, până când amestecul se îngroașă.

Tocană lentă cu carne de vită

pentru 4 persoane

30 ml / 2 linguri ulei de arahide (arahide).

450 g tocană de vită, tocată

3 felii de rădăcină de ghimbir, tocate

3 morcovi, feliați

1 nap, tocat

15 ml / 1 lingură curmale negre, fără sâmburi

15 ml / 1 lingură semințe de lotus

30 ml / 2 linguri pasta de tomate (paste)

10 ml / 2 linguri sare

900 ml / 1¬Ω punct / 3¬œ căni bulion

250 ml / 8 fl oz / 1 pahar de vin de orez sau sherry uscat

Încinge uleiul într-o oală mare sau tigaie și prăjește carnea până se rumenește pe toate părțile.

Carne de vită cu conopidă

pentru 4 persoane

225 g buchețe de conopidă

ulei prajit

225 g carne de vită, tăiată fâșii

50 de grame muguri de bambus, tăiați în fâșii

10 castane de apă, tăiate fâșii

120 ml / 4 fl oz / ¬Ω cană bulion de pui

15 ml/1 lingura sos de soia

15 ml/1 lingura sos de stridii

15 ml / 1 lingura pasta de rosii (paste)

15 ml / 1 lingură făină de porumb (amidon de porumb)

2,5 ml / ¬Ω linguriță ulei de susan

Fierbeți conopida în apă clocotită timp de 2 minute și scurgeți-o. Încinge uleiul și prăjește conopida până se rumenește. Scurgeți și scurgeți pe prosoape de hârtie. Se încălzește uleiul și se prăjește carnea până se rumenește ușor, apoi se scurge și se scurge. Se toarnă toate, cu excepția 15 ml / 1 lingură de ulei și se prăjesc lăstarii de bambus și castanele timp de 2 minute. Adăugați ingredientele rămase, aduceți la fiert și gătiți, amestecând, până se îngroașă sosul. Adăugați carnea de vită și conopida înapoi în tigaie și încălziți ușor. Serviți imediat.

Vițel cu țelină

pentru 4 persoane

100 g țelină, tăiată fâșii

45 ml / 3 linguri ulei de arahide (arahide).

2 ceapa verde (ceapa), tocata

1 felie radacina de ghimbir, tocata

225 g carne slabă de vită, tăiată fâșii

30 ml/2 linguri sos de soia

30 ml / 2 linguri vin de orez sau sherry uscat

2,5 ml / ¬Ω lingurita zahar

2,5 ml / ¬Ω linguriță sare

Se fierbe țelina în apă clocotită timp de 1 minut și se scurge bine. Se încălzește uleiul și se prăjește ceapa primăvară și ghimbirul până se rumenesc. Adăugați carnea și prăjiți timp de 4 minute. Adaugati telina si caliti 2 minute. Adăugați sos de soia, vin sau sherry, zahăr și sare și gătiți timp de 3 minute.

Felii de vita la fiert cu telina

pentru 4 persoane

30 ml / 2 linguri ulei de arahide (arahide).

450 g carne slabă de vită, tăiată în fulgi

3 tulpini de telina, tocate

1 ceapa, tocata

1 ceapă (ceapă), feliată

1 felie radacina de ghimbir, tocata

30 ml/2 linguri sos de soia

15 ml / 1 lingura vin de orez sau sherry uscat

2,5 ml / ½ lingurita zahar

2,5 ml / ½ linguriță sare

10 ml / 2 lingurițe de făină de porumb (amidon de porumb)

30 ml / 2 linguri apă

Se încălzește jumătate din ulei pănă este foarte fierbinte și se prăjește carnea timp de 1 minut până se rumenește. Scoateți din tigaie. Se încălzește uleiul rămas și se prăjește țelina, ceapa, ceapa primăvară și ghimbirul până se înmoaie. Întoarceți carnea în tigaia cu sosul de soia, vinul sau sherry, zahărul și sare, aduceți la fiert și încălziți. Combinați amidonul de porumb și apa, amestecați în tigaie și gătiți până când sosul se îngroașă. Serviți imediat.

Carne de vită feliată cu pui și țelină

pentru 4 persoane

4 ciuperci chinezești uscate
45 ml / 3 linguri ulei de arahide (arahide).
2 catei de usturoi, tocati
1 rădăcină de ghimbir, feliată, tocată
5 ml/1 lingurita sare
100 de grame carne slabă de vită, tăiată fâșii
100 g pui, tăiat fâșii
2 morcovi, tăiați fâșii
2 tulpini de telina, taiate fasii
4 ceapă verde (ceapă verde), tăiată fâșii
5 ml/1 lingurita zahar
5 ml/1 lingurita sos de soia
5 ml/1 lingurita vin de orez sau sherry uscat
45 ml / 3 linguri apă
5 ml / 1 lingurita faina de porumb (amidon de porumb)

Înmuiați ciupercile în apă caldă timp de 30 de minute, apoi scurgeți-le. Scoateți tulpinile și tăiați capacele. Încinge uleiul și prăjește usturoiul, ghimbirul și sarea până se rumenește. Adăugați carnea de vită și pui și căleți până se rumenește. Adaugati telina, ceapa verde, zaharul, sosul de soia, vinul sau sherry si apa si aduceti la fiert. Închideți capacul și gătiți aproximativ 15 minute până când carnea este fragedă. Amestecați amidonul de porumb cu puțină apă, adăugați-l în sos și gătiți, amestecând, până când sosul se îngroașă.

Carne de vită cu piper

pentru 4 persoane

450 g pulpă de vițel, tăiată fâșii

45 ml / 3 linguri sos de soia

15 ml / 1 lingura vin de orez sau sherry uscat

15 ml/1 lingură zahăr brun

15 ml/1 lingura radacina de ghimbir tocata marunt

30 ml / 2 linguri ulei de arahide (arahide).

50 g muguri de bambus, tăiați în bețe de chibrit

1 ceapă, tăiată fâșii

1 tulpină de țelină, tăiată în bețișoare de chibrit

2 ardei rosii fara samburi, taiati fasii

120 ml / 4 fl oz / ¬Ω cană bulion de pui

15 ml / 1 lingură făină de porumb (amidon de porumb)

Puneți fripturile într-un castron. Amestecați sosul de soia, vinul sau sherry, zahărul și ghimbirul și amestecați cu friptura. Sa lasam la marinat 1 ora. Scoateți fripturile din marinadă. Se încălzește jumătate din ulei și se prăjesc lăstarii de bambus, ceapa, țelina și ardeiul roșu timp de 3 minute, apoi se scot din tigaie. Încinge uleiul rămas și prăjește friptura timp de 3 minute. Se amestecă marinada, se aduce la fierbere și se adaugă legumele prăjite. Gatiti, amestecand, timp de 2 minute. Se amestecă bulionul și amidonul de porumb și se adaugă în tigaie. Se aduce la fierbere și se fierbe, amestecând, până când sosul devine limpede și se îngroașă.

Carne de vită cu bok choy

pentru 4 persoane

225 g carne de vită slabă
30 ml / 2 linguri ulei de arahide (arahide).
350g varză chinezească, rasă
120 ml / 4 fl oz / ¬Ω bulion de cană
Sare şi piper negru proaspăt măcinat
10 ml / 2 linguriţe de făină de porumb (amidon de porumb)
30 ml / 2 linguri apă

Tăiaţi carnea subţire împotriva bobului. Încinge uleiul şi prăjeşte carnea până se rumeneşte. Adăugaţi bok choy şi soţiţi până se înmoaie uşor. Se adauga bulionul, se aduce la fiert si se condimenteaza cu sare si piper. Închideţi capacul şi gătiţi timp de 4 minute până când carnea este fragedă. Amestecaţi amidonul de porumb şi apa, turnaţi în tigaie şi gătiţi, amestecând, până când sosul se îngroaşă.

Cotlet de vită

pentru 4 persoane

3 batoane de telina, feliate

100 g muguri de fasole

100 g flori de broccoli

60 ml / 4 linguri ulei de arahide (arahide).

3 cepe verde (ceapa), tocate

2 catei de usturoi, tocati

1 felie radacina de ghimbir, tocata

225 g carne slabă de vită, tăiată fâșii

45 ml / 3 linguri sos de soia

15 ml / 1 lingura vin de orez sau sherry uscat

5 ml/1 lingurita sare

2,5 ml / ¬Ω lingurita zahar

piper negru proaspăt

15 ml / 1 lingură făină de porumb (amidon de porumb)

Se fierbe țelina, mugurii de fasole și broccoli în apă clocotită timp de 2 minute, apoi se scurg și se usucă. Se încălzesc 45 ml/3 linguri de ulei și se prăjesc ceapa primăvară, usturoiul și ghimbirul până se rumenesc. Adăugați carnea și prăjiți timp de 4 minute. Scoateți din tigaie. Încinge uleiul rămas și prăjește legumele timp de 3 minute. Adăugați carnea de vită, sosul de soia, vinul sau sherry, sare, zahărul și un praf de piper și căliți timp de 2 minute. Amestecați amidonul de porumb cu puțină apă, turnați-l în tigaie și gătiți, amestecând, până când sosul devine limpede și se îngroașă.

Carne de vită cu castraveți

pentru 4 persoane
450 g / 1 kg pulpă de vită, tăiată în felii subțiri
45 ml / 3 linguri sos de soia
30 ml / 2 linguri faina de porumb (amidon de porumb)
60 ml / 4 linguri ulei de arahide (arahide).
2 castraveti, curatati de coaja, fara samburi si feliati
60 ml / 4 linguri supă de pui
30 ml / 2 linguri vin de orez sau sherry uscat
Sare și piper negru proaspăt măcinat

Puneți fripturile într-un castron. Amestecați sosul de soia și amidonul de porumb și amestecați cu friptura. Lasam la marinat aproximativ 30 de minute. Se încălzește jumătate din ulei și se prăjesc castraveții timp de 3 minute până devin translucide, apoi se scot din tigaie. Încinge uleiul rămas și prăjește friptura până se rumenește. Adăugați castraveții și prăjiți timp de 2 minute. Adăugați bulion, vin sau sherry și asezonați cu sare și piper. Aduceți la fierbere, acoperiți și gătiți timp de 3 minute.

Chow Mein de vită

pentru 4 persoane

Friptură de muschi 750 g / 1 ¬Ω lb

2 cepe

45 ml / 3 linguri sos de soia

45 ml / 3 linguri vin de orez sau sherry uscat

15 ml / 1 lingura unt de arahide

5 ml/1 lingurita suc de lamaie

350 g paste cu ou

60 ml / 4 linguri ulei de arahide (arahide).

175 ml / 6 fl oz / ¬œ cană bulion de pui

15 ml / 1 lingură făină de porumb (amidon de porumb)

30 ml / 2 linguri sos de stridii

4 cepe verde (ceapa), tocate
3 batoane de telina, feliate
100 g ciuperci, feliate
1 ardei verde, tăiat fâșii
100 g muguri de fasole

Îndepărtați grăsimea din carne și aruncați-o. Tăiați parmezanul în diagonală în felii subțiri. Tăiați ceapa și despărțiți straturile. Amesteca 15 ml/1 lingura de sos de soia cu 15 ml/1 lingura de vin sau sherry, unt de arahide si zeama de lamaie. Adăugați carnea, acoperiți și lăsați să se odihnească 1 oră. Fierbe pastele în apă clocotită aproximativ 5 minute sau până se înmoaie. Scurgeți bine. Se incinge 15 ml/1 lingura ulei, se adauga 15 ml/1 lingura sos de soia si taiteii si se prajesc 2 minute pana devin aurii. Transferați pe o farfurie de servire încălzită.

Amestecați sosul de soia rămas și vinul sau sherry cu bulion, amidon de porumb și sos de stridii. Se încălzește 15 ml/1 lingură ulei și se prăjește ceapa timp de 1 minut. Adăugați țelina, ciupercile, ardeii și mugurii de fasole și prăjiți timp de 2 minute. Scoateți din wok. Se încălzește uleiul rămas și se prăjește carnea până se rumenește. Adăugați bulion, aduceți la fiert, acoperiți și gătiți timp de 3 minute. Întoarceți legumele în wok și gătiți, amestecând, până se încălzesc, aproximativ 4 minute. Se toarnă amestecul peste tăiței și se servește.

friptura de castravete

pentru 4 persoane

450 g friptură

10 ml / 2 linguriţe de făină de porumb (amidon de porumb)

10 ml / 2 linguriţe sare

2,5 ml / ¬Ω lingurita piper negru proaspat macinat

90 ml / 6 linguri ulei de arahide (arahide).

1 ceapa, tocata marunt

1 castravete, curatat de coaja si feliat

120 ml / 4 fl oz / ¬Ω bulion de cană

Tăiaţi friptura în fâşii şi apoi în felii subţiri împotriva bobului. Se pune intr-un bol si se adauga amidon de porumb, sare, piper negru si jumatate din ulei. Lasam la marinat aproximativ 30 de minute. Se încălzeşte uleiul rămas şi se prăjeşte carnea şi ceapa până se rumenesc. Adăugaţi castraveţii şi bulionul, aduceţi la fiert şi gătiţi, acoperit, timp de 5 minute.

Curry de vită la cuptor

pentru 4 persoane

45 ml / 3 linguri de unt

15 ml/1 lingură pudră de curry

45 ml / 3 linguri făină (făină universală).

375 ml / 13 fl oz / 1¬Ω lapte de sticlă

15 ml/1 lingura sos de soia

Sare și piper negru proaspăt măcinat

450 g carne de vita fiarta, tocata

100 g mazăre

2 morcovi, tocați

2 cepe, tocate

225 g orez cu bob lung, fiert

1 ou fiert tare (fiert tare), feliat

Topiți untul, adăugați curry și făina și gătiți timp de 1 minut. Adăugați laptele și sosul de soia, aduceți la fiert și gătiți, amestecând, timp de 2 minute. Se condimentează cu sare și piper. Adăugați carnea de vită, mazărea, morcovii și ceapa și amestecați bine până când sunt acoperite cu sosul. Adăugați orezul, apoi transferați amestecul într-o tavă de copt și coaceți în cuptorul preîncălzit la 200 ∞ C / 400 ∞ F / Gaz 6 timp de 20 de minute, până când legumele sunt fragede. Se serveste garnisit cu felii de ou fiert.

Abalone marinat

pentru 4 persoane

450 g/1 kilogram de abalone conservat

45 ml / 3 linguri sos de soia

30 ml / 2 linguri otet de vin

5 ml/1 lingurita zahar

câteva picături de ulei de susan

Scurgeți abalonul și tăiați-l în felii subțiri sau fâșii. Se amestecă celelalte ingrediente, se toarnă peste abalone și se amestecă bine. Acoperiți și lăsați la frigider pentru 1 oră.

Lăstarii de bambus prăjiți

pentru 4 persoane

60 ml / 4 linguri ulei de arahide (arahide).
225 g muguri de bambus, tăiați în fâșii
60 ml / 4 linguri supă de pui
15 ml/1 lingura sos de soia
5 ml/1 lingurita zahar
5 ml/1 lingurita vin de orez sau sherry uscat

Se încălzește uleiul și se prăjesc lăstarii de bambus timp de 3 minute. Se amestecă bulionul, sosul de soia, zahărul și vinul sau sherry și se adaugă în tigaie. Închideți capacul și gătiți timp de 20 de minute. Se lasa sa se raceasca si se da la frigider inainte de servire.

pui cu castraveți

pentru 4 persoane

1 castravete, curatat de coaja si fara samburi
225 g pui fiert, tăiat în bucăți mici
5 ml/1 linguriță pudră de muștar
2,5 ml / ¬Ω linguriță sare
30 ml / 2 linguri otet de vin

Tăiați castraveții fâșii și puneți-i pe o farfurie de servire. Aranjați puiul deasupra. Se amestecă muștarul, sarea și oțetul de vin și se toarnă peste pui chiar înainte de servire.

Pui cu Susan

pentru 4 persoane

350 g pui fiert

120 ml / 4 fl oz / ¬Ω pahar de apă

5 ml/1 linguriță pudră de muștar

15 ml / 1 lingura de seminte de susan

2,5 ml / ¬Ω linguriță sare

praf de zahar

45 ml / 3 linguri coriandru proaspat tocat

5 ceapa verde (ceapa), tocata

¬Ω cap de salata verde, maruntita

Tăiați puiul în fâșii subțiri. Se amestecă muștarul cu suficientă apă pentru a face o pastă subțire și se adaugă la pui. Prăjiți semințele de susan într-o tigaie uscată până devin ușor aurii, apoi adăugați-le în pui și stropiți cu sare și zahăr. Adăugați jumătate din pătrunjelul și ceapa primăvară și amestecați bine. Pune salata pe un platou de servire, adauga amestecul de pui si orneaza cu patrunjelul ramas.

Lychee cu ghimbir

pentru 4 persoane

1 pepene verde mare, tăiat la jumătate și îndepărtat semințele
450g litchi conservat, scurs
5 cm / 2 batoane ghimbir, feliate
câteva frunze de mentă

Umpleți jumătățile de pepene galben cu litchi și ghimbir și decorați cu frunze de mentă. Se lasa sa se raceasca inainte de servire.

Aripioare de pui gătite roșii

pentru 4 persoane

8 aripioare de pui

2 ceapa verde (ceapa), tocata

75 ml / 5 linguri sos de soia

120 ml / 4 fl oz / ¬Ω pahar de apă

30 ml / 2 linguri zahăr brun

Tăiați capetele dezosate ale aripilor de pui și tăiați-le în jumătate. Se pune intr-o oala cu celelalte ingrediente, se aduce la fiert, se acopera si se fierbe 30 de minute. Scoateți capacul și gătiți încă 15 minute, apăsând frecvent. Se lasa sa se raceasca si se da la frigider inainte de servire.

Carne de crab cu castraveți

pentru 4 persoane

100 g carne de crab, tăiată cubulețe

2 castraveti, curatati si tocati

1 felie radacina de ghimbir, tocata

15 ml/1 lingura sos de soia

30 ml / 2 linguri otet de vin

5 ml/1 lingurita zahar

câteva picături de ulei de susan

Puneți carnea de crab și castraveții într-un castron. Combinați celelalte ingrediente, turnați peste amestecul de carne de crab și amestecați bine. Acoperiți și lăsați la frigider timp de 30 de minute înainte de servire.

ciuperci marinate

pentru 4 persoane

225 g ciuperci

30 ml/2 linguri sos de soia

15 ml / 1 lingura vin de orez sau sherry uscat

putina sare

câteva picături de Tabasco

câteva picături de ulei de susan

Se fierb ciupercile în apă clocotită timp de 2 minute, se scurg și se usucă. Se pune intr-un bol si se toarna peste celelalte ingrediente. Se amestecă bine și se lasă să se răcească înainte de servire.

Ciuperci cu usturoi marinate

pentru 4 persoane

225 g ciuperci

3 catei de usturoi, tocati

30 ml/2 linguri sos de soia

30 ml / 2 linguri vin de orez sau sherry uscat

15 ml/1 lingura ulei de susan

putina sare

Pune ciupercile si usturoiul intr-o strecuratoare, toarna peste ele apa clocotita si lasa-le sa se odihneasca 3 minute. Scurgeți și uscați bine. Se amestecă celelalte ingrediente, se toarnă marinada peste ciuperci și se lasă la marinat 1 oră.

Creveți și conopidă

pentru 4 persoane

225 g buchețe de conopidă
100 g creveți decojiți
15 ml/1 lingura sos de soia
5 ml/1 lingurita ulei de susan

Fierbeți conopida separat, până când se înmoaie, dar încă crocantă, aproximativ 5 minute. Se amestecă cu creveții, se stropește cu sos de soia și ulei de susan și se amestecă. Se lasa sa se raceasca inainte de servire.

Bețișoare de șuncă de susan

pentru 4 persoane

Tăiați 225 g șuncă în fâșii
10 ml / 2 lingurite sos de soia
2,5 ml / ½ linguriță ulei de susan

Aranjați șunca pe o farfurie de servire. Se amestecă sosul de soia și uleiul de susan, se presară peste șuncă și se servește.

tofu rece

pentru 4 persoane

450 g tofu, feliat
45 ml / 3 linguri sos de soia
45 ml / 3 linguri ulei de arahide (arahide).
piper negru proaspăt

Puneți treptat tofu într-o strecurătoare, puneți-l într-o strecurătoare și scufundați-l în apă clocotită timp de 40 de secunde. Apoi scurgeți apa și puneți-o pe o farfurie de servire. Lasă-l să se răcească. Amestecați sosul de soia și uleiul, presărați tofu și serviți cu piper.

pui cu bacon

pentru 4 persoane

225 g pui, feliate foarte subțire

75 ml / 5 linguri sos de soia

15 ml / 1 lingura vin de orez sau sherry uscat

1 cățel de usturoi, zdrobit

15 ml/1 lingură zahăr brun

5 ml/1 lingurita sare

5 ml/1 lingurita radacina de ghimbir tocata

225 g bacon slab, tocat

100 g castane de apă, feliate foarte subțiri

30 ml / 2 linguri miere

Pune puiul într-un castron. Se amestecă 45 ml/3 linguri de sos de soia cu vin sau sherry, usturoi, zahăr, sare și ghimbir, se toarnă peste pui și se lasă la marinat aproximativ 3 ore. Aranjați puiul, baconul și castanele pe frigărui. Se amestecă sosul de soia rămas cu miere și se întinde pe frigărui. Grătiți (prăjiți) sub un grătar încins până când este fiert, aproximativ 10 minute, întorcându-le frecvent și ungeți cu mai multă glazură pe măsură ce se gătește.

Cartofi prăjiți cu banane de pui

pentru 4 persoane

2 piept de pui fierte

2 banane fierte

6 felii de paine

4 ouă

120 ml / 4 fl oz / ¬Ω lapte de sticlă

50 g / 2 oz / ¬Ω cană făină simplă (universal).

225 g / 8 oz / 4 căni de pesmet proaspăt

ulei prajit

Tăiați puiul în 24 de bucăți. Curățați bananele și tăiați-le în sferturi pe lungime. Împărțiți fiecare sfert în treimi pentru a obține 24 de bucăți. Tăiați coaja pâinii și împărțiți-o în patru. Bateți oul și laptele împreună și întindeți pe o parte a pâinii. Pune o bucată de pui și o bucată de banană pe partea periată cu ou a fiecărei bucăți de pâine. Înfăinați ușor pătratele, apoi scufundați-le în ou și acoperiți cu pesmet. Se scufundă din nou în ou și pesmet. Încinge uleiul și prăjește câteva pătrate pe rând până se rumenesc. Scurgeți pe hârtie de bucătărie înainte de servire.

Pui cu ghimbir si ciuperci

pentru 4 persoane

225 g file de piept de pui

5 ml / 1 linguriță praf de cinci condimente

15 ml/1 lingură făină (pentru toate utilizările).

120 ml / 4 fl oz / ¬Ω cană ulei de arahide (ulei de arahide).

4 eşalote, tăiate la jumătate

1 catel de usturoi, feliat

1 felie radacina de ghimbir, tocata

25 g / 1 oz / ¬° cană caju

5 ml/1 lingurita miere

15 ml/1 lingură făină de orez

75 ml / 5 linguri vin de orez sau sherry uscat

100 g ciuperci, tăiate în sferturi

2,5 ml / ¬Ω linguriță de turmeric

6 ardei gras galbeni, taiati la jumatate

5 ml/1 lingurita sos de soia

¬ ¬ Suc de lămâie

sare si piper

4 frunze crocante de salata verde

Tăiați pieptul de pui pe diagonală fâșii subțiri peste parmezan. Se presară cu cinci mirodenii pudră și se pudrează ușor cu făină. Se incinge 15 ml/1 lingura de ulei si se prajeste puiul pana se rumeneste. Scoateți din tigaie. Se încălzește puțin ulei și se prăjește ceașopa, usturoiul, ghimbirul și caju pentru 1 minut. Adăugați miere și amestecați până când legumele sunt acoperite. Se presara faina si apoi se adauga vinul sau sherry. Adăugați ciupercile, turmericul și ardeiul roșu și gătiți timp de 1 minut. Adăugați puiul, sosul de soia, jumătate din zeama de lămâie, sare și piper și încălziți. Scoateți din tigaie și păstrați la cald. Se incinge putin ulei, se adauga frunze de salata verde si se prajesc putin, asezonand cu sare, piper si zeama de lamaie ramasa. Aranjați frunzele de salată verde pe o farfurie fierbinte de servire,

pui și șuncă

pentru 4 persoane

225 g pui, feliate foarte subțire
75 ml / 5 linguri sos de soia
15 ml / 1 lingura vin de orez sau sherry uscat
15 ml/1 lingură zahăr brun
5 ml/1 lingurita radacina de ghimbir tocata
1 cățel de usturoi, zdrobit
225 g sunca fiarta, taiata cubulete
30 ml / 2 linguri miere

Pune puiul într-un castron cu 45 ml/3 linguri sos de soia, vin sau sherry, zahăr, ghimbir și usturoi. Sa lasam la marinat 3 ore. Puneți puiul și șunca pe frigărui. Se amestecă sosul de soia rămas cu miere și se întinde pe frigărui. Grătiți (prăjiți) sub un grătar încins timp de aproximativ 10 minute, întorcându-le frecvent și ungeți cu glazură pe măsură ce se gătește.

Ficat de pui la gratar

pentru 4 persoane

450 g ficat de pui

45 ml / 3 linguri sos de soia

15 ml / 1 lingura vin de orez sau sherry uscat

15 ml/1 lingură zahăr brun

5 ml/1 lingurita sare

5 ml/1 lingurita radacina de ghimbir tocata

1 cățel de usturoi, zdrobit

Ficateii de pui se fierb in apa clocotita timp de 2 minute si se scurg bine. Puneți într-un castron cu toate celelalte ingrediente, cu excepția uleiului și lăsați la marinat aproximativ 3 ore. Puneți ficateii de pui pe frigărui și prăjiți sub un grătar încins până se rumenesc, aproximativ 8 minute.

Biluțe de crab cu castane de apă

pentru 4 persoane

450 g carne de crab, tocata

100 g castane de apa, tocate

1 cățel de usturoi, zdrobit

1 cm/¬Ω rădăcină de ghimbir feliată, tocată

45 ml / 3 linguri faina de porumb (amidon de porumb)

30 ml/2 linguri sos de soia

15 ml / 1 lingura vin de orez sau sherry uscat

5 ml/1 lingurita sare

5 ml/1 lingurita zahar

3 oua, batute

ulei prajit

Se amestecă toate ingredientele cu excepția uleiului și se formează bile. Încinge uleiul și prăjește biluțele de crab până se rumenesc. Scurgeți bine înainte de servire.

Dim Sum

pentru 4 persoane

100 g creveți decojiți, tăiați în bucăți

225 g carne de porc slaba, tocata marunt

50g varză chinezească, tocată mărunt

3 cepe verde (ceapa), tocate

1 ou, batut

30 ml / 2 linguri faina de porumb (amidon de porumb)

10 ml / 2 lingurite sos de soia

5 ml/1 lingurita ulei de susan

5 ml/1 lingurita sos de stridii

24 de piei wonton

ulei prajit

Amestecați creveții, carnea de porc, varza și ceapa verde. Se amestecă oul, amidonul de porumb, sosul de soia, uleiul de susan și sosul de stridii. Pune o lingură din amestec în centrul fiecărei coji wonton. Înfășurați ușor ambalajele în jurul umpluturii, apăsând marginile spre interior, dar lăsând vârfurile deschise. Încinge uleiul și prăjește încet dim sum până se rumenește. Se scurge bine si se serveste fierbinte.

Rulouri cu șuncă și pui

pentru 4 persoane

2 piept de pui

1 cățel de usturoi, zdrobit

2,5 ml / ¬Ω linguriță sare

2,5 ml/¬Ω linguriță praf de cinci condimente

4 felii de sunca fiarta

1 ou, batut

30 ml / 2 linguri lapte

25 g / 1 oz / ¬° cană făină simplă (universal).

4 coji de oua

ulei prajit

Tăiați pieptul de pui în jumătate. Bateți-le până sunt bine. Se amestecă usturoiul, sarea și pudra cu cinci condimente și se presară peste pui. Pe fiecare bucată de pui se pune câte o felie de șuncă și se rulează bine. Se amestecă oul și laptele. Făină ușor bucățile de pui și apoi le îndoiți în amestecul de ouă. Asezati fiecare bucata pe rulada de primavara si ungeti marginile cu ou batut. Îndoiți părțile laterale și apoi rulați împreună, ciupind marginile. Încinge uleiul și prăjește rulourile până se rumenesc, aproximativ 5 minute.

maro și fiert. Scurgeți pe prosoape de hârtie și tăiați în felii groase, diagonale, pentru a servi.

Plăcintă cu șuncă la cuptor

pentru 4 persoane

350 g / 12 oz / 3 căni de făină (făină universală).

175 g unt

120 ml / 4 fl oz / ¬Ω pahar de apă

225 g sunca, tocata

100 g lăstar de bambus, tocat

2 ceapa verde (ceapa), tocata

15 ml/1 lingura sos de soia

30 ml / 2 linguri de seminte de susan

Luați făina într-un bol și adăugați untul. Se amestecă cu apă până se formează o pastă. Întindeți aluatul și tăiați-l în cercuri de 5cm/2cm. Se amestecă toate celelalte ingrediente, cu excepția susanului și se pune câte o lingură în fiecare cerc. Ungeți marginile foietajului cu apă și sigilați. Ungeți exteriorul cu apă și stropiți cu semințe de susan. Coaceți în cuptorul preîncălzit la 180 ° C / 350 ° F / marcajul de gaz 4 timp de 30 de minute.

Așa-zisul pește afumat

pentru 4 persoane

1 biban de mare

3 felii rădăcină de ghimbir, feliate

1 cățel de usturoi, zdrobit

1 ceapa primavara (salota), feliata des

75 ml / 5 linguri sos de soia

30 ml / 2 linguri vin de orez sau sherry uscat

2,5 ml / ½ lingurita de anason macinat

2,5 ml / ½ linguriță ulei de susan

10 ml / 2 lingurițe de zahăr

120 ml / 4 fl oz / ½ bulion de cană

ulei prajit

5 ml / 1 lingurita faina de porumb (amidon de porumb)

Curățați peștele și tăiați-l în bucăți de 5 mm. Amestecați ghimbirul, usturoiul, ceapa primăvară, 60 ml / 4 linguri sos de soia, sherry, anason și ulei de susan. Se toarnă peste pește și se fierbe ușor. Se lasa sa stea 2 ore, amestecand din cand in cand.

Se toarnă marinada într-o tigaie și se usucă peștele pe hârtie de bucătărie. Adăugați zahărul, bulionul și sosul de soia rămas.

Marinați, aduceți la fierbere și gătiți timp de 1 minut. Dacă sosul trebuie să fie îngroșat, amestecați amidonul de porumb cu puțină apă rece, adăugați-l în sos și gătiți, amestecând, până se îngroașă sosul.

Intre timp se incinge uleiul si se prajeste pestele pana devine auriu. Scurgeți bine. Înmuiați bucățile de pește în marinată și puneți-le pe o farfurie fierbinte de servire. Serviți cald sau rece.

ciuperci prajite

pentru 4 persoane

12 capace mari de ciuperci uscate

225 g carne de crab

3 castane de apa, tocate

2 cepe verde (cepe), tocate mărunt

1 albus de ou

15 ml / 1 lingură făină de porumb (amidon de porumb)

15 ml/1 lingura sos de soia

15 ml / 1 lingura vin de orez sau sherry uscat

Înmuiați ciupercile în apă caldă peste noapte. A strange. Amestecați celelalte ingrediente și folosiți-le pentru a umple capacele de ciuperci. Puneți într-un cuptor cu abur și gătiți la abur timp de 40 de minute. Se serveste fierbinte.

Ciuperci cu sos de stridii

pentru 4 persoane

10 ciuperci chinezești uscate

250 ml / 8 fl oz / 1 cană bulion

15 ml / 1 lingură făină de porumb (amidon de porumb)

30 ml / 2 linguri sos de stridii

5 ml/1 lingurita vin de orez sau sherry uscat

Înmuiați ciupercile în apă caldă timp de 30 de minute, apoi scurgeți, rezervând 250 ml / 8 fl oz / 1 cană de lichid de înmuiat. Aruncați tulpinile. Amestecați 60 ml/4 linguri de bulion cu amidon de porumb până ajunge la o consistență de pastă. Aduceți bulionul rămas cu ciupercile și lichidul de ciuperci la fiert și fierbeți, acoperit, timp de 20 de minute. Scoateți ciupercile din lichid cu o lingură cu fantă și puneți-le pe un platou de servire cald. Adăugați sosul de stridii și sherry în tigaie și gătiți, amestecând, timp de 2 minute. Se amestecă pasta de amidon de porumb și se fierbe, amestecând, până se îngroașă sosul. Se toarnă peste ciuperci și se servește imediat.

Rulada de porc și salată

pentru 4 persoane

4 ciuperci chinezești uscate

15 ml/1 lingură ulei de arahide (arahide).

225 g carne de porc slaba, tocata

100 g lăstar de bambus, tocat

100 g castane de apa, tocate

4 cepe verde (ceapa), tocate

175 g fulgi de crab

30 ml / 2 linguri vin de orez sau sherry uscat

15 ml/1 lingura sos de soia

10 ml / 2 lingurite sos de stridii

10 ml / 2 lingurițe ulei de susan

9 frunze chinezești

Înmuiați ciupercile în apă caldă timp de 30 de minute, apoi scurgeți-le. Scoateți tulpinile și tăiați capacele. Încinge uleiul și prăjește carnea de porc timp de 5 minute. Adăugați ciupercile, lăstarii de bambus, castanele de apă, ceapa verde și carnea de crab și căleți timp de 2 minute. Adăugați vinul sau sherry, sosul de soia, sosul de stridii și uleiul de susan și amestecați în tigaie.

Se ia de pe foc. Între timp, fierbeți frunzele chinezești în apă clocotită timp de 1 minut.

Pune o lingură de amestec de carne de porc în centrul fiecărei frunze, pliază-l pe părțile laterale și rulează pentru a servi.

Chirtărițe de porc și castane

pentru 4 persoane

450 g carne de porc tocata (tacata cubulete).
50 g ciuperci, tocate mărunt
50 g castane de apa, tocate marunt
1 cățel de usturoi, zdrobit
1 ou, batut
30 ml/2 linguri sos de soia
15 ml / 1 lingura vin de orez sau sherry uscat
5 ml/1 lingurita radacina de ghimbir tocata
5 ml/1 lingurita zahar
Sare
30 ml / 2 linguri faina de porumb (amidon de porumb)
ulei prajit

Se amestecă toate ingredientele, cu excepția amidonului de porumb și se formează bile. Rulați în amidon de porumb. Încinge uleiul și prăjește găluștele până se rumenesc, aproximativ 10 minute. Scurgeți bine înainte de servire.

Galuste de porc

pentru 4-6 persoane

450 g / 1 kg făină (universal).

500 ml / 17 fl oz / 2 căni de apă

450 g carne de porc fiartă, tocată

225 g creveți decojiți, tăiați

4 tulpini de telina, tocate

15 ml/1 lingura sos de soia

15 ml / 1 lingura vin de orez sau sherry uscat

15 ml/1 lingura ulei de susan

5 ml/1 lingurita sare

2 cepe verde (cepe), tocate mărunt

2 catei de usturoi, tocati

1 felie radacina de ghimbir, tocata

Se amestecă făina și apa până se formează un aluat moale și se frământă bine. Se acopera si se lasa sa se odihneasca 10 minute. Întindeți aluatul cât mai subțire și tăiați-l în cercuri de 5 cm. Se amestecă toate celelalte ingrediente împreună. Pune cate o lingura de amestec in fiecare cerc, umezi marginile si inchide in semicerc. Aduceți o oală cu apă la fiert și apoi scufundați cu grijă gnocchi în apă.

Chiftele de porc și vită

pentru 4 persoane

100 g carne de porc tocata (tacata cubulete).

100 g carne de vită (măcinată).

1 felie de slănină, tăiată cubulețe

15 ml/1 lingura sos de soia

sare si piper

1 ou, batut

30 ml / 2 linguri faina de porumb (amidon de porumb)

ulei prajit

Se amestecă carnea tocată și baconul și se condimentează cu sare și piper. Se amestecă cu ouă, se formează bile de mărimea unei nuci și se presară pe ele amidon de porumb. Se încălzește uleiul și se prăjește până se rumenește. Scurgeți bine înainte de servire.

fluture de creveți

pentru 4 persoane

450 g creveți mari decojiți
15 ml/1 lingura sos de soia
5 ml/1 lingurita vin de orez sau sherry uscat
5 ml/1 lingurita radacina de ghimbir tocata
2,5 ml / ¬Ω linguriță sare
2 ouă, bătute
30 ml / 2 linguri faina de porumb (amidon de porumb)
15 ml/1 lingură făină (pentru toate utilizările).
ulei prajit

Tăiați creveții în jumătate din spate și întindeți-i în formă de fluture. Amestecați sos de soia, vin sau sherry, ghimbir și sare. Se toarnă peste creveți și se lasă la marinat timp de 30 de minute. Scoateți din marinată și uscați. Bateți oul cu amidon de porumb și făină într-un aluat și înmuiați creveții în acest aluat. Încinge uleiul și prăjește creveții până se rumenesc. Scurgeți bine înainte de servire.

creveți chinezești

pentru 4 persoane

450 g creveți decojiți
30 ml / 2 linguri sos Worcestershire
15 ml/1 lingura sos de soia
15 ml / 1 lingura vin de orez sau sherry uscat
15 ml/1 lingură zahăr brun

Puneți creveții într-un castron. Se amestecă celelalte ingrediente, se toarnă peste creveți și se lasă la marinat 30 de minute. Se pune pe o tava de copt si se coace in cuptorul preincalzit la 150 °C / 300 °F / marca gaz 2 timp de 25 de minute. Se servesc calde sau reci cu pielea, astfel încât oaspeții să le poată curăța singuri.

nor zmeu

pentru 4 persoane

100 g biscuiti de creveti

ulei prajit

Încinge uleiul până este foarte fierbinte. Adăugați biscuiți cu creveți unul câte unul și prăjiți câteva secunde până se umflă. În timp ce fursecurile continuă să se prăjească, scoateți-le din ulei și scurgeți-le pe prosoape de hârtie.

creveți crocanți

pentru 4 persoane

450 g creveți decojiti

15 ml / 1 lingura vin de orez sau sherry uscat

10 ml / 2 lingurite sos de soia

5 ml / 1 linguriță praf de cinci condimente

sare si piper

90 ml / 6 linguri faina de porumb (amidon de porumb)

2 ouă, bătute

100 g pesmet

Ulei de arahide pentru prajit

Se amestecă creveții cu vin sau sherry, sos de soia și pudră de cinci condimente și se condimentează cu sare și piper. Se strecoară printr-o sită și se amestecă cu oul bătut și pesmet. Se prajesc in ulei in clocot cateva minute pana se rumenesc, apoi se scurg si se servesc imediat.

Creveți cu sos de ghimbir

pentru 4 persoane

15 ml/1 lingura sos de soia

5 ml/1 lingurita vin de orez sau sherry uscat

5 ml/1 lingurita ulei de susan

450 g creveți decojiți

30 ml / 2 linguri patrunjel proaspat tocat

15 ml/1 lingura otet de vin

5 ml/1 lingurita radacina de ghimbir tocata

Amestecați sosul de soia, vinul sau sherry și uleiul de susan. Se toarnă peste creveți, se acoperă și se lasă la marinat 30 de minute. Creveții la grătar pentru câteva minute până sunt fierți și amestecați cu marinada. Între timp, amestecați pătrunjelul, oțetul de vin și ghimbirul și serviți alături de creveți.

Rulouri cu creveți și tăiței

pentru 4 persoane

50 g taitei cu ou, taiati bucatele

15 ml/1 lingură ulei de arahide (arahide).

50 g carne de porc slaba, tocata marunt

100 g ciuperci, tocate

3 cepe verde (ceapa), tocate

100 g creveți decojiți, tăiați în bucăți

15 ml / 1 lingura vin de orez sau sherry uscat

sare si piper

24 de piei wonton

1 ou, batut

ulei prajit

Fierbe pastele în apă clocotită timp de 5 minute, se scurg și se toacă. Încinge uleiul și prăjește carnea de porc timp de 4 minute. Se adauga ciupercile si ceapa, se calesc 2 minute si se ia de pe foc. Adaugati crevetii, vinul sau sherry si pastele si asezonati cu sare si piper. Așezați câte o lingură din amestec în centrul fiecărei coji wonton și ungeți marginile cu ou bătut. Îndoiți marginile, apoi rulați ambalajele și lipiți marginile împreună. Încinge uleiul și prăjește rulourile în el

Prăjiți câteva timp de aproximativ 5 minute până se rumenesc. Scurgeți pe hârtie de bucătărie înainte de servire.

Pâine prăjită cu creveți

pentru 4 persoane

2 oua 450g creveti curatati, tocati

15 ml / 1 lingură făină de porumb (amidon de porumb)

1 ceapa, tocata marunt

30 ml/2 linguri sos de soia

15 ml / 1 lingura vin de orez sau sherry uscat

5 ml/1 lingurita sare

5 ml/1 lingurita radacina de ghimbir tocata

8 felii de pâine, tăiate triunghiuri

ulei prajit

Se amestecă 1 ou cu toate celelalte ingrediente, cu excepția pâinii și a uleiului. Se toarnă amestecul peste triunghiurile de pâine și se presează în formă de cupolă. Ungeți oul rămas deasupra. Se incinge aproximativ 5 cm de ulei si se prajesc triunghiurile de paine pana se rumenesc. Scurgeți bine înainte de servire.

Wonton de porc și creveți cu sos dulce-acru

pentru 4 persoane

120 ml / 4 fl oz / ¬Ω pahar de apă
60 ml / 4 linguri otet de vin
60 ml / 4 linguri zahăr brun
30 ml / 2 linguri pasta de tomate (paste)
10 ml / 2 lingurițe de făină de porumb (amidon de porumb)
25 g ciuperci, tocate
25 g creveți decojiți, tăiați
50 g carne slabă de porc, tocată
2 ceapa verde (ceapa), tocata
5 ml/1 lingurita sos de soia
2,5 ml/¬Ω linguriță rădăcină de ghimbir rasă
1 cățel de usturoi, zdrobit
24 de piei wonton
ulei prajit

Combinați apa, oțetul de vin, zahărul, pasta de roșii și amidonul de porumb într-o cratiță. Se aduce la fierbere, amestecând constant, apoi se fierbe timp de 1 minut. Se ia de pe foc si se tine la cald.

Amestecați ciupercile, creveții, carnea de porc, ceapa verde, sosul de soia, ghimbirul și usturoiul. Așezați câte o lingură de umplutură pe fiecare piele, ungeți marginile cu apă și apăsați ferm. Încinge uleiul și prăjește încet wonton-urile până se rumenesc. Se scurge pe hartie de bucatarie si se serveste fierbinte cu sos dulce-acru.

supa de pui

Face 2 litri / 3½ puncte / 8½ căni

1,5 kg oase de pui fierte sau crude
450 g oase de porc
1 cm / ½ rădăcină de ghimbir în bucăți
3 cepe principale (salote), feliate
1 cățel de usturoi, zdrobit
5 ml/1 lingurita sare
2,25 litri / 4 pt / 10 pahare de apă

Aduceți toate ingredientele la fiert, acoperiți și gătiți timp de 15 minute. Scoateți uleiul. Acoperiți și gătiți timp de 1 1/2 oră. Se filtrează, se răcesc și se degresează. Se congela in portii mici sau se pastreaza la frigider si se consuma in 2 zile.

Supă de porc și muguri de fasole

pentru 4 persoane

450 g carne de porc tocata

1,5 l / 2½ pt / 6 căni supă de pui

5 felii de rădăcină de ghimbir

350 g muguri de fasole

15 ml/1 lingură sare

Fierbeți carnea în apă clocotită timp de 10 minute și scurgeți-o. Aduceți bulionul la fiert și adăugați carnea de porc și ghimbirul. Închideți capacul și gătiți timp de 50 de minute. Adăugați muguri de fasole și sare și gătiți timp de 20 de minute.

Supă de ciuperci de abalone

pentru 4 persoane

60 ml / 4 linguri ulei de arahide (arahide).

100 g carne slabă de porc, tăiată fâșii

225 g abalone la conserva, taiate fasii

100 g ciuperci, feliate

2 batoane de telina, feliate

Tăiați 50 g șuncă în fâșii

2 cepe, feliate

1,5 l / 2½ pt / 6 căni de apă

30 ml / 2 linguri otet de vin

45 ml / 3 linguri sos de soia

2 felii de rădăcină de ghimbir, tocate

Sare și piper negru proaspăt măcinat

15 ml / 1 lingură făină de porumb (amidon de porumb)

45 ml / 3 linguri apă

Se încălzește uleiul și se prăjește carnea de porc, abalonul, ciupercile, țelina, șunca și ceapa timp de 8 minute. Adăugați apă și oțet de vin, aduceți la fiert și gătiți, acoperit, timp de 20 de minute. Adăugați sos de soia, ghimbir, sare și piper. Amestecați amidonul de porumb până ajunge la o consistență de pastă.

Adăugați apa, turnați în supă și gătiți, amestecând, timp de 5 minute până când supa devine limpede și se îngroașă.

Supă de pui și sparanghel

pentru 4 persoane

100 g pui, tocat

2 albușuri

2,5 ml / ½ linguriță sare

30 ml / 2 linguri faina de porumb (amidon de porumb)

225 g sparanghel, tăiat în bucăți de 5 cm

100 g muguri de fasole

1,5 l / 2½ pt / 6 căni supă de pui

100 g ciuperci

Se amestecă puiul cu albușuri, sarea și amidonul de porumb și se lasă să se odihnească 30 de minute. Albește puiul în apă clocotită timp de aproximativ 10 minute până este fiert, apoi se scurge bine. Se fierbe sparanghelul în apă clocotită timp de 2 minute și se scurge. Fierbeți mugurii de fasole în apă clocotită timp de 3 minute și scurgeți. Turnați bulionul într-o oală mare și adăugați puiul, sparanghelul, ciupercile și mugurii de fasole. Se fierbe si se condimenteaza cu sare. Lăsați să fiarbă câteva minute pentru a permite aromelor să se dezvolte și legumelor să devină moi, dar totuși crocante.

supa de vită

pentru 4 persoane

225g/8oz carne de vită tocată.

15 ml/1 lingura sos de soia

15 ml / 1 lingura vin de orez sau sherry uscat

15 ml / 1 lingură făină de porumb (amidon de porumb)

1,2 l / 2 pt / 5 căni supă de pui

5 ml/1 lingurita pasta de ardei

sare si piper

2 ouă, bătute

6 cepe verde (ceapa), tocate

Se amestecă carnea cu sos de soia, vin sau sherry și amidon de porumb. Se adaugă în bulion și se aduce la fierbere lent, amestecând. Adăugați sosul de fasole chili, asezonați cu sare și piper, acoperiți și gătiți aproximativ 10 minute, amestecând din când în când. Se amestecă ouăle și se servesc cu ceapă primăvară deasupra.

Supă chinezească de vită și frunze

pentru 4 persoane

200 de grame carne slabă de vită, tăiată fâșii

15 ml/1 lingura sos de soia

15 ml/1 lingură ulei de arahide (arahide).

1,5 l / 2½ pt / 6 căni bulion

5 ml/1 lingurita sare

2,5 ml / ½ linguriță zahăr

Tăiați ½ cap de frunze chinezești în bucăți

Se amestecă carnea cu sosul de soia și uleiul și se lasă la marinat timp de 30 de minute, amestecând din când în când. Aduceți bulionul la fiert cu sare și zahăr, adăugați frunzele chinezești și gătiți până aproape fiert, aproximativ 10 minute. Adăugați carnea și gătiți încă 5 minute.

supă de varză

pentru 4 persoane

60 ml / 4 linguri ulei de arahide (arahide).

2 cepe, tocate

100 g carne slabă de porc, tăiată fâșii

225 g varză chinezească, rasă

10 ml / 2 lingurițe de zahăr

1,2 l / 2 pt / 5 căni supă de pui

45 ml / 3 linguri sos de soia

sare si piper

15 ml / 1 lingură făină de porumb (amidon de porumb)

Încinge uleiul și prăjește ceapa și carnea de porc până se rumenește. Se adauga varza si zaharul si se fierbe 5 minute. Se adauga bulionul si sosul de soia si se condimenteaza cu sare si piper. Aduceți la fierbere, acoperiți și gătiți timp de 20 de minute. Amestecați amidonul de porumb cu puțină apă, adăugați-l în supă și gătiți, amestecând, până când supa se îngroașă și devine translucidă.

Supă de carne picant

pentru 4 persoane

45 ml / 3 linguri ulei de arahide (arahide).

1 căţel de usturoi, zdrobit

5 ml/1 lingurita sare

225g/8oz carne de vită tocată.

6 ceapă verde (ceapă verde), tăiată fâşii

1 ardei rosu, taiat fasii

1 ardei verde, tăiat fâşii

225g varză, tocată

1 l / 1¾ pt / 4¼ cani bulion

30 ml / 2 linguri sos de prune

30 ml / 2 linguri sos hoisin

45 ml / 3 linguri sos de soia

2 bucati de ghimbir, tocate

2 oua

5 ml/1 lingurita ulei de susan

225 g paste limpezi, înmuiate

Încinge uleiul şi prăjeşte usturoiul şi sarea până se rumeneşte. Adăugaţi carnea şi prăjiţi pentru scurt timp. Adăugaţi legumele şi prăjiți până devine transparent. Se adauga bulion, sos de prune, sos de stafide, 30 ml/2

Adăugați o lingură de sos de soia și ghimbir, aduceți la fiert și gătiți timp de 10 minute. Bateți ouăle cu uleiul de susan și sosul de soia rămas. Adăugați în supa cu tăiței și gătiți, amestecând, până când ouăle se transformă în panglici și tăițeii sunt fragezi.

supa raiului

pentru 4 persoane

2 ceapa verde (ceapa), tocata

1 căței de usturoi, zdrobit

30 ml / 2 linguri patrunjel proaspat tocat

5 ml/1 lingurita sare

15 ml/1 lingură ulei de arahide (arahide).

30 ml/2 linguri sos de soia

1,5 l / 2½ pt / 6 căni de apă

Amestecați ceapa primăvară, usturoiul, pătrunjelul, sarea, uleiul și sosul de soia. Se fierbe apa, se toarna peste ea amestecul de ceapa primavara si se lasa sa stea 3 minute.

Supă de pui și muguri de bambus

pentru 4 persoane

2 pulpe de pui
30 ml / 2 linguri ulei de arahide (arahide).
5 ml/1 lingurita vin de orez sau sherry uscat
1,5 l / 2½ pt / 6 căni supă de pui
3 cepe de primăvară, tăiate felii
100 g muguri de bambus, tăiați în bucăți
5 ml/1 lingurita radacina de ghimbir tocata
Sare

Dezosați puiul și tăiați carnea în bucăți. Încinge uleiul și prăjește puiul până se rumenește pe toate părțile. Adăugați bulionul, ceaiul verde, lăstarii de bambus și ghimbirul, aduceți la fiert și gătiți până când puiul este fraged, aproximativ 20 de minute. Asezonați cu sare înainte de servire.

Supă de pui și porumb

pentru 4 persoane

1 l / 1¾ pt / 4¼ cani supa de pui

100 g pui, tocat

200 g crema de porumb dulce

Șuncă feliată, tăiată cubulețe

omletă

15 ml / 1 lingura vin de orez sau sherry uscat

Aduceți bulionul și puiul la fiert, acoperiți și fierbeți timp de 15 minute. Adăugați porumb și șuncă, acoperiți și gătiți timp de 5 minute. Adăugați ouăle și sherry și amestecați ușor cu un tel, lăsând ouăle să formeze panglici. Inainte de servire se ia de pe foc, se acopera si se lasa sa se odihneasca 3 minute.

supă de pui ghimbir

pentru 4 persoane

4 ciuperci chinezești uscate

1,5 l / 2½ pt / 6 pahare apă sau bulion de pui

225 g pui, tocat

10 felii de rădăcină de ghimbir

5 ml/1 lingurita vin de orez sau sherry uscat

Sare

Înmuiați ciupercile în apă caldă timp de 30 de minute, apoi scurgeți-le. Aruncați tulpinile. Aduceți apa sau bulionul la fiert cu celelalte ingrediente și gătiți până când puiul este complet fiert, aproximativ 20 de minute.

Supă chinezească de pui cu ciuperci

pentru 4 persoane

25 g ciuperci chinezești uscate

100 g pui, tocat

50g muguri de bambus, ras

30 ml/2 linguri sos de soia

30 ml / 2 linguri vin de orez sau sherry uscat

1,2 l / 2 pt / 5 căni supă de pui

Înmuiați ciupercile în apă caldă timp de 30 de minute, apoi scurgeți-le. Scoateți tulpinile și tăiați capacele. Se fierb ciupercile, puiul și mugurii de bambus în apă clocotită timp de 30 de secunde și se scurg. Puneți-le într-un castron și amestecați sosul de soia și vinul sau sherry. Sa lasam la marinat 1 ora. Aduceți bulionul la fiert, adăugați amestecul de pui și marinați. Se amestecă bine și se fierbe câteva minute până când puiul este fiert.

Supă de pui și orez

pentru 4 persoane

1 l / 1¾ pt / 4¼ cani supa de pui

225 g / 8 oz / 1 cană de orez cu bob lung

100 g pui fiert, tăiat fâșii

1 ceapă, feliată

5 ml/1 lingurita sos de soia

Fără a fierbe supa, încălziți toate ingredientele până se încing.

Supă de pui cu nucă de cocos

pentru 4 persoane

350 g piept de pui

Sare

10 ml / 2 linguriţe de făină de porumb (amidon de porumb)

30 ml / 2 linguri ulei de arahide (arahide).

1 ardei verde, tocat

1 l / 1¾ pt / 4¼ cani lapte de cocos

5 ml / 1 linguriţă coajă de lămâie rasă

12 litchi

un praf de cocos ras

Sare şi piper negru proaspăt măcinat

2 frunze de melisa

Tăiaţi pieptul de pui fâşii de parmezan pe diagonală. Stropiţi cu sare şi acoperiţi cu amidon de porumb. Încălziţi 10 ml/2 linguriţe de ulei într-un wok, întoarceţi şi turnaţi. Repeta. Încinge uleiul rămas şi prăjeşte puiul şi ardeiul timp de 1 minut. Se adauga laptele de cocos si se fierbe. Adăugaţi coaja de lămâie şi gătiţi timp de 5 minute. Adauga litchiul, asezoneaza cu nucsoara, sare si piper si serveste garnisit cu melisa.

supa de scoici

pentru 4 persoane

2 ciuperci chinezești uscate
12 scoici înmuiate și spălate
1,5 l / 2½ pt / 6 căni supă de pui
50g muguri de bambus, ras
50 g mazăre snap, tăiată la jumătate
2 ceai (cei), feliați
15 ml / 1 lingura vin de orez sau sherry uscat
un praf de piper proaspat macinat

Înmuiați ciupercile în apă caldă timp de 30 de minute, apoi scurgeți-le. Scoateți tulpinile și tăiați capacele în jumătate. Se fierbe la abur până se deschid pielea, aproximativ 5 minute; Aruncați orice care rămâne închis. Scoateți midiile din coajă. Aduceți bulionul la fiert și adăugați ciupercile, lăstarii de bambus, mazărea de zăpadă și ceapa primăvară. Gatiti descoperit timp de 2 minute. Adăugați midiile, vinul sau sherry și piperul și gătiți până se încălzesc.

supă de ouă

pentru 4 persoane

1,2 l / 2 pt / 5 căni supă de pui

3 oua, batute

45 ml / 3 linguri sos de soia

Sare și piper negru proaspăt măcinat

4 cepe primare (salote), taiate felii

Aduceți bulionul la fiert. Se amestecă treptat ouăle bătute până se despart în fire. Adăugați sosul de soia și asezonați cu sare și piper. Se serveste ornat cu ceapa primavara.

Supă de crabi și scoici

pentru 4 persoane

4 ciuperci chinezești uscate

15 ml/1 lingură ulei de arahide (arahide).

1 ou, batut

1,5 l / 2½ pt / 6 căni supă de pui

175 g fulgi de crab

100 g midii decojite, feliate

100 g muguri de bambus, feliați

2 ceapa verde (ceapa), tocata

1 felie radacina de ghimbir, tocata

creveți ușor fierți și curățați (opțional)

45 ml / 3 linguri faina de porumb (amidon de porumb)

90 ml / 6 linguri apă

30 ml / 2 linguri vin de orez sau sherry uscat

20 ml / 4 lingurite sos de soia

2 albusuri

Înmuiați ciupercile în apă caldă timp de 30 de minute, apoi scurgeți-le. Scoateți tulpinile și tăiați capacele în felii subțiri. Se încălzește uleiul, se adaugă oul și se înclină tigaia astfel încât oul să acopere fundul. gatiti pana

Scurgeți, apoi întoarceți și gătiți pe cealaltă parte. Scoateți-l din tavă, rulați-l și tăiați-l în fâșii subțiri.

Aduceți bulionul la fiert, adăugați ciupercile, fâșiile de ouă, carnea de crab, midii, lăstarii de bambus, ceapa verde, ghimbirul și creveții (dacă folosiți). Se fierbe din nou. Amestecați amidonul de porumb cu 60 ml / 4 linguri de apă, vin sau sherry și sos de soia și amestecați în supă. Gatiti, amestecand, pana cand supa se ingroasa. Bateți albușurile spumă cu apa rămasă până se întăresc și turnați încet amestecul în supă, amestecând energic.

supa de crab

pentru 4 persoane

90 ml / 6 linguri ulei de arahide (arahide).

3 cepe, tocate

225 g carne de crab albă și maro

1 felie radacina de ghimbir, tocata

1,2 l / 2 pt / 5 căni supă de pui

150 ml / ¼ pt / pahar vin de orez sau sherry uscat

45 ml / 3 linguri sos de soia

Sare și piper negru proaspăt măcinat

Încinge uleiul și prăjește ceapa până când se înmoaie, dar nu devine aurie. Adăugați carnea de crab și ghimbirul și prăjiți timp de 5 minute. Adăugați bulionul, vinul sau sherry și sosul de soia și asezonați cu sare și piper. Se aduce la fierbere și apoi se fierbe timp de 5 minute.

Ciorba de peste

pentru 4 persoane

225 g file de pește
1 felie radacina de ghimbir, tocata
15 ml / 1 lingura vin de orez sau sherry uscat
30 ml / 2 linguri ulei de arahide (arahide).
1,5 l / 2½ pt / 6 cesti supa de peste

Tăiați peștele în fâșii subțiri împotriva bobului. Amestecați ghimbirul, vinul sau sherry și uleiul, adăugați peștele și amestecați ușor. Se lasă la marinat timp de 30 de minute, amestecând din când în când. Aduceți bulionul la fiert, adăugați peștele și gătiți timp de 3 minute.

Supa de peste si salata verde

pentru 4 persoane

225 g file de pește alb

30 ml / 2 linguri făină (făină universală).

Sare și piper negru proaspăt măcinat

90 ml / 6 linguri ulei de arahide (arahide).

6 cepe de primăvară (șalote), tăiate felii

100 g salata verde tocata

1,2 L / 2 pt / 5 pahare de apă

10 ml / 2 lingurițe rădăcină de ghimbir tocată mărunt

150 ml / ¼ pt / ½ cană generos de vin de orez sau sherry uscat

30 ml / 2 linguri faina de porumb (amidon de porumb)

30 ml / 2 linguri patrunjel proaspat tocat

10 ml / 2 lingurițe suc de lămâie

30 ml/2 linguri sos de soia

Tăiați peștele în fâșii subțiri și trageți în făină condimentată. Se incinge uleiul si se caleste ceapa primavara pana se inmoaie. Se adauga salata verde si se caleste 2 minute. Adăugați peștele și gătiți timp de 4 minute. Adăugați apă, ghimbir și vin sau sherry, aduceți la fiert și gătiți, acoperit, timp de 5 minute. Amestecați amidonul cu puțină apă și adăugați-l în supă. Gatiti, amestecand, inca 4 minute pana se formeaza supa.

Se ușurează și apoi se condimentează cu sare și piper. Se serveste cu patrunjel, zeama de lamaie si sos de soia presarate deasupra.

Supă de chiftele cu ghimbir

pentru 4 persoane

Bucăți de 5 cm de rădăcină de ghimbir rasă

350 g zahăr brun

1,5 l / 2½ pt / 7 căni de apă

225 g / 8 oz / 2 căni de făină de orez

2,5 ml / ½ linguriță sare

60 ml / 4 linguri apă

Se pune ghimbirul, zaharul si apa intr-o oala si se fierbe amestecand. Închideți capacul și lăsați-l să fiarbă aproximativ 20 de minute. Strecurați supa și puneți-o înapoi în oală.

Între timp, puneți făina și sarea într-un castron și amestecați-o încet cu suficientă apă pentru a forma un aluat gros. Formați bile și adăugați gnocchi în supă. Aduceți supa din nou la fiert, acoperiți și gătiți încă 6 minute până când gnocchi sunt complet fierți.

supă fierbinte și acră

pentru 4 persoane

8 ciuperci chinezești uscate

1 l / 1¾ pt / 4¼ cani supa de pui

100 g pui, tăiat fâșii

100 de grame de muguri de bambus, tăiați în fâșii

100 g tofu, tăiat fâșii

15 ml/1 lingura sos de soia

30 ml / 2 linguri otet de vin

30 ml / 2 linguri faina de porumb (amidon de porumb)

2 ouă, bătute

câteva picături de ulei de susan

Înmuiați ciupercile în apă caldă timp de 30 de minute, apoi scurgeți-le. Scoateți tulpinile și tăiați capacele în fâșii. Aduceți ciupercile, bulionul, puiul, lăstarii de bambus și tofu la fierbere, acoperiți și gătiți timp de 10 minute. Amestecați sosul de soia, oțetul de vin și amidonul de porumb până la omogenizare, adăugați în supă și gătiți timp de 2 minute până când supa devine sticloasă. Adăugați încet oul și uleiul de susan și amestecați cu un tel. Închideți capacul și lăsați-l să se odihnească 2 minute înainte de servire.

Supa de ciuperci

pentru 4 persoane

15 ciuperci chinezești uscate

1,5 l / 2½ pt / 6 căni supă de pui

5 ml/1 lingurita sare

Înmuiați ciupercile în apă caldă timp de 30 de minute, apoi scurgeți și rezervați lichidul. Scoateți tulpinile și tăiați capacele în jumătate dacă sunt mari și puneți-le într-un castron mare, rezistent la căldură. Așezați mâncarea pe grătar în cuptorul cu abur. Aduceți bulionul la fiert, turnați-l peste ciuperci, acoperiți și fierbeți în apă clocotită timp de 1 oră. Se condimentează cu sare și se servește.

Supă de ciuperci și varză

pentru 4 persoane

25 g ciuperci chinezești uscate
15 ml/1 lingură ulei de arahide (arahide).
50 g frunze chinezești, tocate
15 ml / 1 lingura vin de orez sau sherry uscat
15 ml/1 lingura sos de soia
1,2 l / 2 puncte / 5 căni supă de pui sau legume
Sare și piper negru proaspăt măcinat
5 ml/1 lingurita ulei de susan

Înmuiați ciupercile în apă caldă timp de 30 de minute, apoi scurgeți-le. Scoateți tulpinile și tăiați capacele. Încinge uleiul și prăjește ciupercile și frunzele chinezești timp de 2 minute până se îmbracă bine. Îndepărtați grăsimea cu vin sau sherry și sos de soia și turnați în bulion. Se aduce la fierbere, se adaugă sare și piper și se fierbe timp de 5 minute. Stropiți cu ulei de susan înainte de servire.

Supă de ouă de ciuperci

pentru 4 persoane

1 l / 1¾ pt / 4¼ cani supa de pui

30 ml / 2 linguri faina de porumb (amidon de porumb)

100 g ciuperci, feliate

1 felie de ceapa, tocata marunt

putina sare

3 picături ulei de susan

2,5 ml / ½ linguriță sos de soia

1 ou, batut

Amestecați bulionul cu niște amidon de porumb, apoi amestecați toate ingredientele cu excepția oului. Aduceți la fiert, acoperiți și gătiți timp de 5 minute. Adăugați oul și amestecați cu un betisoare pentru a face oul să formeze panglici. Se ia de pe foc si se lasa sa se odihneasca 2 minute inainte de servire.

Supă de ciuperci și castane pe bază de apă

pentru 4 persoane

1 l / 1¾ pt / 4¼ cani bulion de legume sau apa

2 cepe, tocate mărunt

5 ml/1 lingurita vin de orez sau sherry uscat

30 ml/2 linguri sos de soia

225 g ciuperci

100 g castane de apă, feliate

100 g muguri de bambus, feliați

câteva picături de ulei de susan

2 frunze de salata verde, taiate bucatele

2 ceai (cei), tăiați în bucăți

Aduceți apă, ceapa, vinul sau sherry și sosul de soia la fiert, acoperiți și fierbeți timp de 10 minute. Adăugați ciupercile, castanele și lăstarii de bambus, acoperiți și gătiți timp de 5 minute. Se adauga ulei de susan, frunze de salata verde si ceapa verde, se ia de pe foc, se acopera si se lasa sa se odihneasca 1 minut inainte de servire.

Supă de porc și ciuperci

pentru 4 persoane

60 ml / 4 linguri ulei de arahide (arahide).

1 cățel de usturoi, zdrobit

2 cepe, feliate

225 g carne slabă de porc, tăiată fâșii

1 tulpină de țelină, tocată

50 g ciuperci, feliate

2 morcovi, feliați

1,2 l / 2 pt / 5 căni bulion

15 ml/1 lingura sos de soia

Sare și piper negru proaspăt măcinat

15 ml / 1 lingură făină de porumb (amidon de porumb)

Încinge uleiul și călește usturoiul, ceapa și carnea de porc până când ceapa este moale și ușor rumenită. Adăugați țelina, ciupercile și morcovii, acoperiți și gătiți ușor timp de 10 minute. Aduceți bulionul la fiert, apoi adăugați-l în tigaia cu sosul de soia și asezonați cu sare și piper. Amestecați amidonul de porumb cu puțină apă, apoi turnați-l în tigaie și gătiți, amestecând, timp de aproximativ 5 minute.

Supa de porc si nasturel

pentru 4 persoane

1,5 l / 2½ pt / 6 căni supă de pui
100 g carne slabă de porc, tăiată fâșii
3 tulpini de telina, taiate in diagonala
2 ceai (cei), feliați
1 buchet de nasturel
5 ml/1 lingurita sare

Aduceți bulionul la fiert, adăugați carnea de porc și țelina, acoperiți și fierbeți timp de 15 minute. Adăugați ceapa verde, cresonul și sare și gătiți, neacoperit, timp de aproximativ 4 minute.

Supă de porc și castraveți

pentru 4 persoane

100 g carne de porc slabă, tăiată în felii subțiri

5 ml / 1 lingurita faina de porumb (amidon de porumb)

15 ml/1 lingura sos de soia

15 ml / 1 lingura vin de orez sau sherry uscat

1 castravete

1,5 l / 2½ pt / 6 căni supă de pui

5 ml/1 lingurita sare

Se amestecă carnea de porc, amidonul de porumb, sosul de soia și vinul sau sherry. Se amestecă pentru a acoperi carnea de porc. Curățați castraveții și tăiați-l în jumătate pe lungime, apoi îndepărtați semințele. Tăiat grosier. Aduceți bulionul la fiert, adăugați carnea de porc și gătiți, acoperit, timp de 10 minute. Adăugați castravetele și gătiți câteva minute până devine translucid. Adăugați sare și mai mult sos de soia dacă doriți.

Chifteluțe și supă cu tăiței

pentru 4 persoane

50 g taitei de orez

225 g carne tocata (tocata).

5 ml / 1 lingurita faina de porumb (amidon de porumb)

2,5 ml / ½ linguriță sare

30 ml / 2 linguri apă

1,5 l / 2½ pt / 6 căni supă de pui

1 ceapă primăvară (ceapă), tocată mărunt

5 ml/1 lingurita sos de soia

Înmuiați tăițeii în apă rece în timp ce pregătiți chiftelele. Amestecați carnea de porc, amidonul de porumb, puțină sare și apă și faceți bile de mărimea unei nuci. Aduceți o oală cu apă la fiert, adăugați chiftelele de porc și gătiți, acoperit, timp de 5 minute. Scurgeți bine și scurgeți pastele. Aduceți bulionul la fiert, adăugați găluștele și tăițeii de porc și gătiți, acoperit, timp de 5 minute. Adăugați ceapa verde, sosul de soia și sarea rămasă și gătiți încă 2 minute.

Supă de spanac și tofu

pentru 4 persoane

1,2 l / 2 pt / 5 căni supă de pui

200 g rosii conservate, scurse si tocate

225 g tofu, tocat

225 g spanac, tocat

30 ml/2 linguri sos de soia

5 ml/1 lingurita zahar brun

Sare și piper negru proaspăt măcinat

Aduceți bulionul la fiert, apoi adăugați roșiile, tofu și spanacul și amestecați ușor. Se aduce la fierbere și se fierbe timp de 5 minute. Adaugati sosul de soia si zaharul si asezonati cu sare si piper. Gatiti 1 minut inainte de servire.

Supă de porumb și crab

pentru 4 persoane

1,2 l / 2 pt / 5 căni supă de pui

200 g porumb dulce

Sare și piper negru proaspăt măcinat

1 ou, batut

200 g carne de crab, tăiată cubulețe

3 salote, tocate

Se pune bulionul la fiert, se adauga porumbul si se condimenteaza cu sare si piper. Se lasa sa fiarba 5 minute. Chiar înainte de servire, spargeți ouăle cu o furculiță și turnați peste supă. Se serveste presarat cu carne de crab si salota tocata.

Supa de Sichuan

pentru 4 persoane

4 ciuperci chinezești uscate

1,5 l / 2½ pt / 6 căni supă de pui

75 ml / 5 linguri vin alb sec

15 ml/1 lingura sos de soia

2,5 ml / ½ linguriță sos chili

30 ml / 2 linguri faina de porumb (amidon de porumb)

60 ml / 4 linguri apă

100 g carne slabă de porc, tăiată fâșii

50 g sunca fiarta, taiata fasii

1 ardei rosu, taiat fasii

50 g castane de apă, feliate

10 ml / 2 lingurițe oțet de vin

5 ml/1 lingurita ulei de susan

1 ou, batut

100 g creveți decojiți

6 cepe verde (ceapa), tocate

175 g tofu tocat

Înmuiați ciupercile în apă caldă timp de 30 de minute, apoi scurgeți-le. Scoateți tulpinile și tăiați capacele. Aduceți bulion, vin și soia

Aduceți sosul și sosul chili la fiert, acoperiți și gătiți timp de 5 minute. Amestecați amidonul de porumb cu jumătate din apă și adăugați-l în supă, amestecați până când supa se îngroașă. Adăugați ciupercile, carnea de porc, șunca, ardeiul și castanele și gătiți timp de 5 minute. Se amestecă oțetul de vin și uleiul de susan. Se bat oul cu apa ramasa si se toarna in supa, amestecand energic. Adaugati crevetii, ceapa verde si tofu si gatiti cateva minute.

supa de tofu

pentru 4 persoane

1,5 l / 2½ pt / 6 căni supă de pui

225 g tofu, tocat

5 ml/1 lingurita sare

5 ml/1 lingurita sos de soia

Aduceți bulionul la fiert și adăugați tofu, sarea și sosul de soia. Gatiti cateva minute pana cand tofu este fierbinte.

Supă de tofu și pește

pentru 4 persoane

225 g file de pește alb, tăiat fâșii

150 ml / ¼ pt / ½ cană generos de vin de orez sau sherry uscat

10 ml / 2 lingurițe rădăcină de ghimbir tocată mărunt

45 ml / 3 linguri sos de soia

2,5 ml / ½ linguriță sare

60 ml / 4 linguri ulei de arahide (arahide).

2 cepe, tocate

100 g ciuperci, feliate

1,2 l / 2 pt / 5 căni supă de pui

100 g tofu, tăiat cubulețe

Sare și piper negru proaspăt măcinat

Puneți peștele într-un castron. Se amestecă vinul sau sherry, ghimbirul, sosul de soia și sarea și se toarnă peste pește. Lasam la marinat aproximativ 30 de minute. Încinge uleiul și prăjește ceapa timp de 2 minute. Adaugati ciupercile si continuati sa caliti pana ce ceapa se inmoaie, dar nu este aurie. Adăugați peștele și marinada, aduceți la fiert și gătiți, acoperit, timp de 5 minute. Se adauga bulionul, se aduce din nou la fiert si se fierbe, acoperit, timp de 15 minute. Adauga tofu si asezoneaza cu sare si piper. Gatiti pana cand tofu este fiert.

supă de roșii

pentru 4 persoane

400 g rosii conservate, scurse si tocate
1,2 l / 2 pt / 5 căni supă de pui
1 felie radacina de ghimbir, tocata
15 ml/1 lingura sos de soia
15 ml/1 lingura sos de ardei iute
10 ml / 2 linguriţe de zahăr

Punem toate ingredientele in oala si punem la fiert, amestecand din cand in cand. Coaceți aproximativ 10 minute înainte de servire.

Supă de roșii și spanac

pentru 4 persoane

1,2 l / 2 pt / 5 căni supă de pui

225 g rosii tocate la conserva

225 g tofu, tocat

225 g spanac

30 ml/2 linguri sos de soia

Sare și piper negru proaspăt măcinat

2,5 ml / ½ linguriță zahăr

2,5 ml / ½ linguriță vin de orez sau sherry uscat

Aduceți bulionul la fiert, apoi adăugați roșiile, tofu și spanacul și gătiți timp de 2 minute. Adăugați ingredientele rămase, gătiți timp de 2 minute, amestecați bine și serviți.

borș

pentru 4 persoane

1 l / 1¾ pt / 4¼ cani supa de pui

1 nap mare, feliat subțire

200 de grame de carne de porc slabă, tăiată în felii subțiri

15 ml/1 lingura sos de soia

60 ml / 4 linguri coniac

Sare și piper negru proaspăt măcinat

4 salote, tocate marunt

Aduceți bulionul la fiert, adăugați sfecla și carnea de porc și gătiți, acoperit, timp de 20 de minute, până când sfecla este fragedă și carnea este gătită. Se amestecă sosul de soia și coniac și se asezonează după gust. Gatiti fierbinte si serviti cu salota presarata deasupra.

Potaje

pentru 4 persoane

6 ciuperci chinezești uscate

1 l / 1¾ pt / 4¼ cani bulion de legume

50 de grame muguri de bambus, tăiați în fâșii

50 g castane de apă, feliate

8 mazăre de zăpadă (mazăre), feliată

5 ml/1 lingurita sos de soia

Înmuiați ciupercile în apă caldă timp de 30 de minute, apoi scurgeți-le. Scoateți tulpinile și tăiați capacele în fâșii. Adăugați lăstarii de bambus și castanele în bulion și aduceți la fiert, acoperiți și gătiți timp de 10 minute. Adăugați mazărea cu zahăr și sosul de soia, acoperiți și gătiți timp de 2 minute. Se lasa sa se odihneasca 2 minute inainte de servire.

supă vegetariană

pentru 4 persoane

¼ de varză

2 morcovi

3 tulpini de telina

2 cepe primare (salote)

30 ml / 2 linguri ulei de arahide (arahide).

1,5 l / 2½ pt / 6 căni de apă

15 ml/1 lingura sos de soia

15 ml / 1 lingura vin de orez sau sherry uscat

5 ml/1 lingurita sare

piper negru proaspăt

Tăiați legumele fâșii. Încinge uleiul și prăjește legumele timp de 2 minute până se înmoaie. Adăugați ingredientele rămase, aduceți la fiert, acoperiți și gătiți timp de 15 minute.

supa de nasturel

pentru 4 persoane

1 l / 1¾ pt / 4¼ cani supa de pui

1 ceapa, tocata marunt

1 baton de telina, tocata marunt

225 g de nasturel, tocat grosier

Sare și piper negru proaspăt măcinat

Aduceți bulionul, ceapa și țelina la fiert, acoperiți și fierbeți timp de 15 minute. Adăugați nasturel, acoperiți și gătiți timp de 5 minute. Se condimentează cu sare și piper.

Pește prăjit cu legume

pentru 4 persoane

4 ciuperci chinezești uscate

4 pești întregi, curățați și solziți

ulei prajit

30 ml / 2 linguri faina de porumb (amidon de porumb)

45 ml / 3 linguri ulei de arahide (arahide).

100 de grame de muguri de bambus, tăiați în fâșii

50 g castane de apă, tăiate fâșii

50g varză chinezească, tocată

2 felii de rădăcină de ghimbir, tocate

30 ml / 2 linguri vin de orez sau sherry uscat

30 ml / 2 linguri apă

15 ml/1 lingura sos de soia

5 ml/1 lingurita zahar

120 ml / 4 fl oz / ¬Ω cană de stoc de pește

Sare și piper negru proaspăt măcinat

¬Ω cap de salata verde, maruntita

15 ml/1 lingură pătrunjel cu frunze plate tocat

Înmuiați ciupercile în apă caldă timp de 30 de minute, apoi scurgeți-le. Scoateți tulpinile și tăiați capacele. Tăiați peștele în jumătate

Adăugați făina de porumb și scuturați excesul. Încinge uleiul și prăjește peștele până când este fiert, aproximativ 12 minute. Se scurge pe hartie de bucatarie si se tine la cald.

Se incinge uleiul si se prajesc ciupercile, lastarii de bambus, castanele de apa si varza timp de 3 minute. Se adauga ghimbirul, vinul sau sherry, 15 ml/1 lingura apa, sosul de soia si zaharul si se prajesc 1 minut. Adăugați bulion, sare și piper, aduceți la fiert, acoperiți și gătiți timp de 3 minute. Amestecați amidonul de porumb cu apa rămasă, turnați în tigaie și gătiți, amestecând, până se îngroașă sosul. Pune salata pe o farfurie de servire si aranjeaza pestele pe ea. Se toarna peste legume si sosul, se orneaza cu patrunjel si se serveste.

pește întreg gătit

pentru 4 persoane

1 biban mare sau pește similar
45 ml / 3 linguri faina de porumb (amidon de porumb)
45 ml / 3 linguri ulei de arahide (arahide).
1 ceapa, tocata
2 catei de usturoi, tocati
Tăiați 50 g șuncă în fâșii
100 g creveți decojiți
15 ml/1 lingura sos de soia
15 ml / 1 lingura vin de orez sau sherry uscat
5 ml/1 lingurita zahar
5 ml/1 lingurita sare

Ungeți peștele cu amidon de porumb. Se încălzește uleiul și se prăjește ceapa și usturoiul până se rumenesc. Adăugați peștele și prăjiți până se rumenește pe ambele părți. Asezati pestele pe o tava tapetata cu folie de aluminiu si garnisiti cu sunca si creveti. Adăugați în tigaie sos de soia, vin sau sherry, zahăr și sare și amestecați bine. Se toarnă peste pește, se acoperă cu folie de aluminiu și se coace în cuptorul preîncălzit la 150 °C / 300 °F / gaz nivelul 2 timp de 20 de minute.

peste de soia fiert

pentru 4 persoane

1 biban mare sau pește similar

Sare

50 g / 2 oz / ¬Ω cană făină simplă (universal).

60 ml / 4 linguri ulei de arahide (arahide).

3 felii de rădăcină de ghimbir, tocate

3 cepe verde (ceapa), tocate

250 ml / 8 fl oz / 1 cană apă

45 ml / 3 linguri sos de soia

15 ml / 1 lingura vin de orez sau sherry uscat

2,5 ml / ¬Ω lingurita zahar

Curățați și clătiți peștele și faceți tăieturi în diagonală pe ambele părți. Se presară sare și se lasă să se odihnească 10 minute. Încinge uleiul și prăjește peștele până se rumenește pe ambele părți. Întoarceți o dată în timp ce gătiți și stropiți cu ulei. Adăugați ghimbir, ceapa verde, apă, sos de soia, vin sau sherry și zahăr, aduceți la fiert, acoperiți și gătiți timp de 20 de minute până când peștele este gătit. Serviți cald sau rece.

Pește de soia cu sos de stridii

pentru 4 persoane

1 biban mare sau pește similar

Sare

60 ml / 4 linguri ulei de arahide (arahide).

3 cepe verde (ceapa), tocate

2 felii de rădăcină de ghimbir, tocate

1 cățel de usturoi, zdrobit

45 ml / 3 linguri sos de stridii

30 ml/2 linguri sos de soia

5 ml/1 lingurita zahar

250 ml / 8 fl oz / 1 cană bulion de pește

Curățați peștele, îndepărtați solzii și faceți mai multe tăieturi în diagonală pe fiecare parte. Se presară sare și se lasă să se odihnească 10 minute. Încinge cea mai mare parte din ulei și prăjește peștele, întorcându-l o dată, până se rumenește pe ambele părți. Între timp, încălziți uleiul rămas într-o tigaie separată și prăjiți ceapa primăvară, ghimbirul și usturoiul până devin aurii. Adăugați sosul de stridii, sosul de soia și zahărul și puneți la sot timp de 1 minut. Adăugați bulionul și aduceți la fiert. Adăugați amestecul la peștele prăjit, aduceți din nou la fiert și gătiți, acoperit, aproximativ 10 minute.

Gătiți timp de 15 minute, întorcându-se o dată sau de două ori în timpul gătitului, până când peștele este gătit.

Biban de mare la abur

pentru 4 persoane

1 biban mare sau pește similar
2,25 L / 4 bucăți / 10 pahare de apă
3 felii de rădăcină de ghimbir, tocate
15 ml/1 lingură sare
15 ml / 1 lingura vin de orez sau sherry uscat
30 ml / 2 linguri ulei de arahide (arahide).

Curățați peștele, îndepărtați solzii și faceți mai multe tăieturi în diagonală pe fiecare parte. Aduceți apa la fiert într-o oală mare și adăugați celelalte ingrediente. Scufundați peștele în apă, închideți bine capacul, opriți focul și lăsați-l să stea 30 de minute până când peștele este fiert.

Pește prăjit cu ciuperci

pentru 4 persoane

4 ciuperci chinezești uscate
1 crap mare sau pește similar
Sare
45 ml / 3 linguri ulei de arahide (arahide).
2 ceapa verde (ceapa), tocata
1 felie radacina de ghimbir, tocata
3 catei de usturoi, tocati
100 de grame de muguri de bambus, tăiați în fâșii
250 ml / 8 fl oz / 1 cană bulion de pește
30 ml/2 linguri sos de soia
15 ml / 1 lingura vin de orez sau sherry uscat
2,5 ml / ¬Ω lingurita zahar

Înmuiați ciupercile în apă caldă timp de 30 de minute, apoi scurgeți-le. Scoateți tulpinile și tăiați capacele. Faceți câteva tăieturi în diagonală pe fiecare parte a peștelui, stropiți cu sare și lăsați-l să se odihnească 10 minute. Încinge uleiul și prăjește peștele până se rumenește pe ambele părți. Adăugați ceapa primăvară, ghimbirul și usturoiul și căliți timp de 2 minute. Adăugați alte ingrediente, fierbeți și închideți capacul.

și gătiți timp de 15 minute, întorcându-se o dată sau de două ori și amestecând din când în când, până când peștele este gătit.

Pește dulce și acru

pentru 4 persoane

1 biban mare sau pește similar

1 ou, batut

50 g faina de porumb (amidon de porumb)

Ulei de prajit

Pentru sos:

15 ml/1 lingură ulei de arahide (arahide).

1 ardei verde, tăiat fâșii

100 g bucăți de ananas marinate în sirop

1 ceapă, feliată

100 g / 4 oz / ¬Ω cană de zahăr brun

60 ml / 4 linguri supă de pui

60 ml / 4 linguri otet de vin

15 ml / 1 lingura pasta de rosii (paste)

15 ml / 1 lingură făină de porumb (amidon de porumb)

15 ml/1 lingura sos de soia

3 cepe verde (ceapa), tocate

Curățați peștele și îndepărtați aripioarele și capul, dacă doriți. Se adauga in oul batut si apoi in amidonul de porumb. Se încălzește uleiul și se prăjește peștele până este fiert. Se scurge bine si se tine la cald.

Pentru a pregăti sosul, se încălzește uleiul și se prăjesc ardeii, ananasul scurs și ceapa timp de 4 minute. Adaugati 30 ml/2 linguri de sirop de ananas, zahar, bulion, otet de vin, pasta de rosii, amidon de porumb si sos de soia, amestecati si fierbeti. Gatiti, amestecand, pana cand sosul devine limpede si se ingroasa. Se toarna peste peste si se serveste cu ceapa primavara presarata deasupra.

Pește umplut cu carne de porc

pentru 4 persoane

1 crap mare sau pește similar

Sare

100 g carne de porc tocata (tacata cubulete).

1 ceapă (ceapă), tocată

4 felii rădăcină de ghimbir, tocate

15 ml / 1 lingură făină de porumb (amidon de porumb)

60 ml/4 linguri sos de soia

15 ml / 1 lingura vin de orez sau sherry uscat

5 ml/1 lingurita zahar

75 ml / 5 linguri ulei de arahide (arahide).

2 catei de usturoi, tocati

1 ceapă, feliată

Pentru 300 ml / ¬Ω / 1¬° pahar de apă

Curățați și spălați peștele și presărați sare pe el. Amestecați carnea de porc, ceai, niște ghimbir, amidon de porumb, 15 ml/1 lingură sos de soia, vin sau sherry și zahăr și folosiți pentru a umple peștele. Încinge uleiul și prăjește peștele până se rumenește pe ambele părți. Apoi scoateți-l din tigaie și lăsați să se scurgă cea mai mare parte din ulei. Adauga restul de usturoi si ghimbir si se caleste pana se rumeneste.

Adăugați sosul de soia rămas și apă, aduceți la fiert și gătiți timp de 2 minute. Întoarceți peștele în tigaie, acoperiți și gătiți, întorcându-l o dată sau de două ori, până când peștele este gătit, aproximativ 30 de minute.

Crap prajit, picant

pentru 4 persoane

1 crap mare sau peşte similar

150 ml / ¬° pt / pahar din belşug ¬Ω unt de arahide (arahide).

15 ml/1 lingură zahăr

2 catei de usturoi, tocati marunt

100 g muguri de bambus, feliaţi

Pentru 150 ml / ¬° / bun ¬Ω pahar de bulion de peşte

15 ml / 1 lingura vin de orez sau sherry uscat

15 ml/1 lingura sos de soia

2 ceapa verde (ceapa), tocata

1 felie radacina de ghimbir, tocata

15 ml/1 lingură sare de oţet de vin

Curăţaţi peştele, detartraţi-l şi înmuiaţi-l în apă rece pentru câteva ore. Scurgeţi şi uscaţi, apoi asamblaţi fiecare bucată de câteva ori. Încinge uleiul şi prăjeşte peştele până devine ferm pe ambele părţi. Scoateţi din tigaie, strecuraţi şi rezervaţi toate, cu excepţia 30 ml sau 2 linguri de ulei. Adăugaţi zahărul în tigaie şi amestecaţi până se îngroaşă. Adăugaţi usturoiul şi lăstarii de bambus şi amestecaţi bine. Adăugaţi ingredientele rămase, aduceți la fierbere, apoi puneți peștele înapoi în tigaie, acoperiți și gătiți până când peștele este fiert, aproximativ 15 minute.

Puneți peștele pe o farfurie fierbinte de servire și turnați sosul peste el.

www.ingramcontent.com/pod-product-compliance
Lightning Source LLC
Chambersburg PA
CBHW071900110526
44591CB00011B/1490